前橋学ブックレット ❼

楫取素彦と功徳碑

上毛新聞社
BOOKLET

目　次

はじめに	4
第1章　功徳碑	
（1）功徳碑と寄付者碑	4
（2）碑文	5
第2章　発起人	
（1）発起人の概要	7
（2）前橋の発起人	9
（3）前橋以外の発起人	13
第3章　寄付者	
（1）寄付者の概要	17
（2）寄付者（県外）	28
（3）寄付者（県内）	29
（4）寄付者（旧前橋市）	48
第4章　建碑式と建碑の中心人物	63
第5章　功徳碑建立の歴史的背景	
（1）前橋の市制施行	64
（2）佐藤知事排斥運動	65
（3）留任運動の請願書	66
第6章　前橋大火と楫取夫妻	
（1）前橋大火	67
（2）栄転を辞退	67
第7章　発起人・寄付者に対する考察	68
あとがき	69
〈引用・参考文献〉	70
創刊の辞	72

はじめに

　前橋公園内に、楫取素彦の群馬県令としての功績を称えた功徳碑がある。功徳碑はもともと前橋公園内の臨江閣と東照宮の間の場所に建立され、長くその場所にあったが、中央大橋建設に伴い、県庁裏の高浜公園内に移築された。しかし、平成27年（2015）NHK大河ドラマ「花燃ゆ」の放映を前に、前橋公園入口近くの現在地に再び移築されたので、功徳碑は3回、場所を替えている。

　功徳碑は、群馬県令楫取素彦がいかに前橋市民や群馬県民に慕われていたか、その徳望や絆を物語る恰好の資料である。発起人は70人。寄付者は個人929人、会社12社、団体26組、その他 有志者7組の多数に上る。発起人及び寄付者の所在地も、県内はもとより県外さらにはアメリカに及んだ。

　石碑に刻まれた人物を追うことによって、県令楫取素彦の実像の一端に触れることが、本書の目的である。なお、職業名などは出典の表記どおりとした。

第1章　　功徳碑

（1）功徳碑と寄付者碑

　碑の正式名称は「前群馬県令楫取君功徳碑」である。楫取が前橋を去ってから、5年後の明治23年（1890）に前橋市の下村善太郎が発起人となって、功徳碑を建設しようとしたところ、県内から賛同者が多数現れたため、同24年から工事を始めて翌25年3月に完成した。

　碑額の揮毫は有栖川宮熾仁、撰文は重野安繹、書は金井之恭であった。碑

楫取素彦肖像画（群馬県立歴史博物館蔵）

に刻まれた重野の撰文が「明治二十三年十月」とあるので、これまでは建碑も同年と断定されていたが、『時事新報』（明治25年3月23日）の記述によって、明治25年3月に碑が完成し、4月に建碑式を挙げたことが明らかになった。同年4月1日前橋には市制が敷かれたため、碑と前橋市は同時に誕生したことになる。楫取素彦が「県都の恩人」とよばれるのにふさわしい記念碑となった。

　なお、撰文を担当した重野は帝国大学文科大学（東京大学）教授で、日本に実証主義を提唱した歴史学研究の泰斗。群馬県では高山長五郎碑などの撰文を書いている。金井之恭は佐位郡島村（伊勢崎市）に勤王の南画家・烏洲の四

男として生まれた。水戸天狗党に触発され新田俊純を擁し勤皇討幕軍を起こそうとしたが投獄。維新後に新政府に出仕。大久保利通の側近として活躍。明治24年貴族院議員。巌谷一六(いわやいちろく)、日下部鳴鶴(くさかべめいかく)とともに明治の三大書家と称された。

前橋公園に立つ功徳碑（右）と寄付者碑

（2）碑文

重野の撰文は以下の通りである。

前群馬縣令楫取君功徳碑
今元老院議官、楫取君之令于群馬県也、勤倹以泣下、忠誠以奉上、休養民力、宣布徳教、風移俗易、君已去、而士民翕然、謳唫弗已、於是、合辞謁予、以功徳之碑為請、且曰、上野自古称難治、其民剽悍軽佻、臨時躁急、無老成持久之実、君初至、首張学政、以示教化之不可忽、而世方模倣泰西学術、専偏於智育、加以剽軽之俗、其極竟為虚誕妄進、犯上凌長之風漸長、君病之、導以忠厚質実、痛矯其流弊、無幾、朝議更革学制、以徳育為最、智育体育次之、略如君所経画、衆始服其先見焉、十二年学制復変、世謂之自由教育、君固執不可、既而地方教育果然解体、君独免其害、官亦卒復旧制、凡君之於学事、以身率先、毎郡吏詣庁、必先問学事、然後及他、郡吏亦至以其興衰、為喜戚、君又用心於農桑、謂富強之術、在殖国産、県尤以養蚕称、而繭糸輸出海外者、悉仮手外人、不能自往市泉、其利多為外人所壟断、君募県民有材幹者、投私財助其資、航海直輸、群馬繭糸之名、頓噪海外、邦人直輸、実発端於此矣、其他設社倉、以諭蓄積之急務、奨励医学、以拯県民之疾病、捜訪古蹟、以彰先哲之遺事、諸如此類、不一而足、曾過邑楽郡大谷林者、松樹鬱茂、連互数十町、昔時、上杉氏遺臣、大谷休伯所手植也、君乃自往、見其遠孫某、於一陋屋中、称以祖先功労、旁観者為泣下、又言、君之在任十余年、居常倹素、出入不駕馬車、家惟修繕旧屋耳、而居之晏如、県民慕君、如慈父母、臨去老幼遮路乞留、送者数千人、不勝惜別之情、嗚呼、如君真不愧古之良二千石者歟、因頌以辞、其辞曰、詩詠甘棠、千載流芳、書掲風草、万古斯光、振民育徳、顕幽闢荒、彝倫已明、蔚起校庠、男服於耕、婦勤於織、老安少懐、既衣既食、有義有方、理平訟息、輿誦嗒嗒、噫是誰力、遺愛在理、何須生祠、頌美無已、茲見隆碑、
　　　　　明治二十三年十月

濱口富士雄氏の書き下し文を紹介すると、次の通りである。

今の元老院議官楫取君の群馬県に令たるや、勤倹以て下に沺み、忠誠以て上に奉じ、民力を休養し、徳教を宣布して、風移り俗易はる。君巳に去るも、しかれども士民翕然として謳唫すること巳まず、ここに於いて辞を合はせて予に謁げ、功徳の碑を以て請と為す。且つ曰はく、上野は古へ自り治め難しと称し、その民剽悍軽佻にして、事に臨んでは躁急、老成持久の実無し、と。君初めて至るや、学校を首張して以て強化の忽にす可からざるを示す。しかれども世は方に秦西の学術を模倣し、専ら智育に偏り、加ふるに剽軽の俗を以てす。その極は竟に虚誕妄進を為し、上を犯し長を凌ぐの風漸く長ず。君、これを病み、導びくに忠厚質実を以てし、痛くその流弊を矯む。幾くも無く、朝議、学制を更革し、徳育を以て最と為し、智育・体育これに次がしむ。略君の経画する所の如し。衆始めてその先見に服せり。十二年、学制復た変はり、

功徳碑　表面

世、これを自由教育と謂ふも、君固執して可とせず。既にして地方の教育果然解体す。君独りその害を免れ、官も亦た卒に旧制に復す。凡そ君の学事に於ける、身を以て率先し、郡吏の庁に詣る毎に、必ず先づ学事を問ひ、しかる後に他に及ぶ。郡吏も亦たその興衰を以て喜戚と為すに至る。君又心を農桑に用ひ、富強の術は国産を殖やすに在りと謂ふ。県尤も養蚕を以て称せらるるも、しかれども繭糸の海外に輸出する者は、悉く手を外人に仮り、自ら往きて市易する能はずして、その利は多く外人の壟断する所と為る。君、県民の材幹有る者を募り、私財を投じてその資を助けて海を航りて直輸せしめ、群馬繭糸の名、頓に海外に噪に。邦人の直輸は、実に端をここに発せり。その他、社倉を設けて以て蓄積の急務を諭し、医学を奨励して以て県民の疾病を拯ひ、古蹟を捜訪して以て先哲の逸事を彰す。諸かくの如き類は一にして足らざるなり。曾て邑楽郡の大谷林なる者に過ぎるに、松樹欝茂し、連なること数十町に亙る。昔時、上杉氏の遺臣大谷休伯の手づから植えし所なり。君乃ち自ら往きてその遠孫某に一陋屋の中に見ひ、称ふるに祖先の功労を以てす。旁に観る者為に泣下る。又言はく、君の任に在ること十余年、居常倹素にして、出入するに車馬を駕せず。家は惟だ、旧屋を修繕するのみにて、これに居ること晏如たり。県民の君を慕ふこと慈父母の如く、去るに臨み、老幼路を遮りて留まらんことを乞ひ、送る者数十人、惜別の情に勝へず、と。嗚呼、君の如きは真に古の良二千石に愧ぢざる者か。因って頌ふるに辞を以てす。その辞に曰はく、詩に甘棠を詠じ、千載芳を流す。書に風草を掲げ、万古これ光やく。民は振はし徳を育くみ、幽れたるを顕し荒れたるを闢く。彝倫巳に明らかに、蔚として校庠を起こす。男は耕に服し、婦は織に勤む。老は安んじ少は懐き、既に衣あり既に食あり。義有り方有りて、理平らぎ訟へ息む。輿誦喈喈たるは、噫これ誰の力か。遺愛里に在れば、何ぞ生祠を須ひんや。頌美巳む無く、ここに降碑を見る。

このように長文で難解な重野の撰文を、濱口氏は次のように分析している（『群馬の漢文碑』）。
　①県令としての基本理念と建碑の経緯、②群馬の県民性、③徳育教育に基づく教育行政、④蚕糸の海外輸出への先鞭、⑤その他の業績と古跡の保護、⑥簡素な日常と県民の思慕、⑦称揚の辞。

第2章　発起人

（1）発起人の概要
　碑の裏面には、次の通り発起人 70 人の名前が刻まれている。

群馬縣下有志者建之
発起人
西群馬郡高崎町　　／　矢島八郎、櫻井伊兵衛、清水新次郎
緑埜郡美土里村　　／　折茂健吾
緑埜郡藤岡町　　／　大戸甚太郎
南甘楽郡上野村　　／　茂木要次郎
南甘楽郡美原村　　／　新井平蔵
北甘楽郡富岡町　　／　保坂正堂、黛治郎
碓氷郡磯部村　　／　萩原茂十郎、萩原鐐太郎
吾妻郡原町　　／　山口六平
吾妻郡中ノ條町　　／　田中甚平
吾妻郡澤田村　　／　折田軍平
利根郡沼田町　　／　田村廉重
利根郡池田村　　／　松井八十吉
北勢多郡赤城根村　　／　鈴木喜左衛門
佐位郡伊勢崎町　　／　石原蔵臧
佐位郡赤堀村　　／　中島文左
那波郡名和村　　／　野村藤太
新田郡鳥ノ郷村　　／　大島直作
新田郡生品村　　／　小川良平
新田郡尾島町　　／　岡田三郎、金井貢
山田郡桐生町　　／　佐羽吉五郎、小島邇一郎、岩崎民三郎
邑楽郡大箇野村　　／　折原逸太郎
邑楽郡館林町　　／　熊谷直方、南條新六郎、西村年一
邑楽郡高島村　　／　中村嶺八
南勢多郡黒保根村　　／　星野耕作
南勢多郡横野村　　／　角田喜右作
東群馬郡前橋町　　／　下村善太郎、須田傳吉、黒崎長左衛門、荒井友七、松本真三、江原

芳平、田部井宗七、竹内勝造、勝山善三郎、勝山牧次郎、松井嘉一郎、市村愛三、荒井久七、久野幸八、大島喜六、生形桺太郎、横川重七、横川吉兵衛、八木原巳代吉、串田宗三郎、中島政五郎、渋谷充、深町富八、深町代五郎、太田利喜三、武田友七郎、筒井勝次郎、桒原壽平、岩崎作太郎、根岸久三郎、小泉長七、小泉藤吉、馬塲常七、松本源五郎
佐位郡采女村　　／　　宮崎有敬
邑楽郡長柄村　　／　　新井格太郎

　表1は、70人の発起人を現在の市町村別にまとめたものである。70人のうち34人、49%と前橋市の占める割合が高い。

〈表1〉市町村別発起人数一覧

	現在の市町村	当時の町名	人数	市町村合計
1	前橋市	東群馬郡前橋町	34	34
2	伊勢崎市	佐位郡伊勢崎町	1	4
3		佐位郡赤堀村	1	
4		那波郡名和村	1	
5		佐位郡采女村	1	
6	太田市	新田郡鳥ノ郷村	1	4
7		新田郡生品村	1	
8		新田郡尾島町	2	
9	桐生市	山田郡桐生町	3	4
10		南勢多郡黒保根村	1	
11	高崎市	西群馬郡高崎町	3	3
12	藤岡市	緑埜郡美土里村	1	3
13		緑埜郡藤岡町	1	
14		南甘楽郡美原村	1	
15	沼田市	利根郡沼田町	1	3
16		利根郡池田村	1	
17		北勢多郡赤城根村	1	
18	館林市	邑楽郡館林町	3	3
19	富岡市	北甘楽郡富岡町	2	2
20	安中市	碓氷郡磯部村	2	2
21	渋川市	南勢多郡横野村	1	1
22	吾妻郡中之条町	吾妻郡中ノ條町	1	2
23		吾妻郡澤田村	1	
24	吾妻郡東吾妻町	吾妻郡原町	1	1
25	邑楽郡邑楽町	邑楽郡高島村	1	
26	邑楽郡板倉町	邑楽郡大箇野村	1	1
27	邑楽郡千代田町	邑楽郡長柄村	1	1
28	多野郡上野村	南甘楽郡上野村	1	1
	合計（個人名）			70

（2）前橋の発起人

　まず、前橋町の発起人34人は、次の通りである。

下村善太郎

功徳碑　裏面

　前橋二十五人衆の1人。生糸商「三好善」を経営。近代前橋建設の最大の功労者。祖父・善右衛門は勢多郡長磯村（前橋市）生まれ、前橋本町で小間物商を開業。娘・よしの婿に市兵衛をとり、重右衛門を名乗らせた。善太郎は長男であった。17歳で立川町の畳屋小泉長七の娘・せゑ16歳と結婚し、善右衛門と称した。賭け事に失敗し、義兄で繭糸商を営む小泉茂七の紹介で武蔵国八王子町（八王子市）の糸屋源兵衛の世話になった。源兵衛は勢多郡時沢村（前橋市）の人であった。熨斗、屑糸、木綿反物、絹織物の買い出しと商売を拡大。横浜に出て中居屋重兵衛の店で中国人に生糸を売り渡し莫大な利益を上げた。文久3年前橋に戻り横浜に出荷して外国取引を行う生糸売買で大富豪となった。慶応2年関東地方の大凶作に対して、南京米を買い入れ窮民救済につとめ、藩主松平家から永年苗字帯刀を許された。明治6年前橋から新田郡平塚村を経て中山道に通ずる新道を開削。勝山源三郎、勝山宗三郎らと桃井学校（小学校）を新築、群馬県最初の洋風校舎であった。明治15年楫取県令に県立幼稚園設置を建言、県会議員を説いて師範学校内に付属幼稚園を設立させた。製糸昇立社を創設。明治13年日本鉄道が高崎―大宮間の鉄道路線建設計画を発表すると、前橋までの延伸を楫取県令に相談。伊香保温泉に来浴中の井上勝局長に面談し、その実現に尽力。楫取県令の提言で建設された迎賓館・臨江閣の建設に敷地、資金を提供。明治25年初代前橋市長に就任。横浜に向かう汽車の中で発病、東京駿河台下の佐々木病院に入院したが明治26年6月4日病没した。葬儀は市葬、龍海院で営まれた。明治初めの前橋は本町と竪町に有力者が集まり「両町が協同一致したならば何事でも為せないことない」と言われた。本町側は下村善太郎・勝山源三郎・勝山宗三郎・松井喜兵衛・竹内勝蔵。竪町側が須田傳吉・大島喜六・荒井友七・荒井久七・横川吉次郎・久野幸八・生方柳太郎・横川重七。下村善太郎が本町側の代表。須田傳吉が竪町側の代表であった。

須田傳吉

　前橋二十五人衆の1人。文政11年横山町の木村専七の二男に生まれる。幼名は茂兵衛。竪町で紙・ローソク・筆墨などを販売営業する「白子屋」を営む須田傳吉の女婿となった。安政年間には前橋屈指の豪商となる。文久年間に藩主松平氏が川越から前橋に帰城するにともない城普請の陣頭指揮をとる。県庁移転に大島喜六と竪町側をまとめて下村善太郎に協力。明治9年地租改正で竪町地主惣代、同12年横山町戸長役場助役、同13年東群馬郡町村会議員。明治11、26年の明治天皇巡幸で御用達を命じられた。楫取県令から「須田の言うことにはうそがない」と言われ、信頼が絶大であった。

黒崎長左衛門

 本町で薬種商を営む。第 2 代前橋町長。

荒井友七

 前橋二十五人衆の 1 人。弘化 2 年生まれ。竪町で金物商「小松屋」を営む。明治 34 年没。

松本真三

 天保 5 年、前橋藩士の子として生まれる。維新後は県職員から明治 13 年に楫取県令により南勢多郡長に抜擢され、同 18 年に東群馬郡から県会議員に当選。同 22 年に町制が敷かれると初代前橋町長。士族授産として小倉真弓・南条彦摠・石渡正雄・豊田弥仲太・牧斎太郎らと荷物運搬「通便社」を本町に創業。明治 27 年没。

江原芳平

 前橋二十五人衆の 1 人。嘉永元年生まれ。生糸商で巨富を築いた父・芳右衛門のあとを継ぎ、下村善太郎らと協力し前橋発展の基礎を築いた。県庁移転の当時、29 歳と二十五人衆では最も若かった。父・芳右衛門は生糸商として安政 6 年横浜開港と同時に生糸をフランス人に売買。芳平は 10 代で父の跡を受け、製糸天原社を創設。明治 40 年相場変動の激しい製糸業から撤退し、上毛物産銀行、三十九銀行などの金融業や上毛倉庫などの倉庫業の経営にあたった。県会議員 3 期、貴族院多額納税議員、前橋商業会議所（商工会議所）初代会頭。昭和 3 年没。

田部井宗七

 前橋二十五人衆の 1 人の田部井惣助の長男。惣助は天保 10 年山田郡高津戸村の中島家から婿養子となって、本町で生糸商を営む。下村善太郎の勧誘を受け県庁移転運動に奔走。第三十九銀行取締役。宗七は前橋市の助役を務めた。

竹内勝造（蔵）

 前橋二十五人衆の 1 人。天保 3 年生まれ。竹内家は嘉永元年以来の生糸商。安政 6 年に横浜開港となると中居屋重兵衛を経て生糸 16 個を輸出。生糸貿易の先駆者として活躍し、文久 2 年には前橋藩から「糸繭大行司」を命じられた。生糸の改良に努力し、前橋の末広組・比刀根組、高崎の連行社・坐繰社・大根組などの生糸を一手に引き受けた。実弟の三品常吉が横浜の茂木惣兵衛経営の野沢屋（茂木商店）の大番頭をつとめていたので、同店に出荷した。明治 5 年には中糸・伸糸・玉糸などの粗製糸で 2 本撚り 3,000 回の撚糸の製造をはじめ、桐生・足利・伊勢崎などの機業地に販売し好評を博した。明治 23 年没。

勝山善三郎

 前橋二十五人衆の 1 人で、藩営前橋製糸所を引き継ぎ勝山製糸所とした勝山宗三郎が明治 16 年に大火により火傷したことが原因で病没し後継者となった。宗三郎には長男健太郎、長女すみがいたが、健太郎は同年の大火で焼死。善三郎はすみの女婿。同 24 年には江原芳平・松井嘉一郎とともに三英社（才川村）を創設。同 31 年に織物業に転じた。繭市場会社取締役、市会議員、第三十九銀行取締役。同 27 年資本金 3 万円で天狗岩用水に総社発電所

を設立、これにより前橋に電燈が灯った。

勝山牧次（二）郎

　文久元年生まれ。前橋二十五人衆の1人・勝山源三郎の長男。10歳で前橋藩主の和歌の師であった尾高高雅に和歌を学ぶ。明治16年源三郎の死で家督・質屋を継いだが、同20年上京し黒田清綱らに和歌を学ぶ。国学にも造詣が深く、大日本歌道奨励会群馬支部創設。号は方教。明治19年前橋商工会を起こし、同23年会頭に就任。同25年（1892）前橋市会議員となり、同29年前橋市2代助役。前橋繭糸米穀取引所理事長、前橋商業会議所議員もつとめた。歌人として『橘園歌集』がある。大正10年没。

松井嘉一郎

　本陣の家柄。旅館「本陣」を経営。町会議員。明治25年市会議員（参事会員）。

市村愛三

　父・良平は前橋二十五人衆の1人で、前橋五大生糸商の1人（下村善太郎・江原芳平・勝山宗三郎・竹内勝蔵）。良平は弟の茂吉と市村社を片貝町に設立。町会議員。明治25年市会議員（参事会員）。良平は明治35年没であるから存命中であったが、長男・愛三が発起人となった。愛三は片貝町で火災生命保険代弁業「吉川屋」を経営。

荒井久七

　嘉永5年生まれ、幼名を芳五郎、本家荒井久七の養子となって久七を襲名。兄に荒井友七。前橋二十五人衆の1人。竪町で小松屋「新井銅鉄店」、小松屋「陶磁器」を経営。町の利益となる仕事であれば、真っ先に賛成し金を出した。市会議員（参事会員）。明治31年没。

久野幸八

　前橋二十五人衆の1人。明治20年神明町に久野製糸所を開業。

大島喜六

　前橋二十五人衆の1人。文政9年竪町の植木家の二男に生まれ、大島喜六の養子となった。幼名は藤兵衛。養父・喜六は越後の資産家の子であったが前橋に分家した。藤兵衛は10歳で東京日本橋四日市の魚問屋に奉公、20歳で帰郷し魚問屋を開業。屋号「村喜」。町名主、藩御用。明治初年、藩庁から資金の融通を受け、横川重七と東北地方に行き、蚕種の製造を行い、横浜に送り巨利を博したが、3年で失敗。横山町に魚市場を開業。明治16年5月の大火で全焼したため解散し、東京江戸橋にあった北海道商会と契約し、その分社「鮮簾社」を創業し、塩物類を扱ったが、同年病没。櫻井傳三は「県庁移転の際には大島が一番働いた。下村の仕事は大島があって初めて出来たといっても好い」と称えた。能書家で、絵は金井烏洲に師事。号は「翠崖」。楫取素彦の茶の湯の師匠。竪町の荒井友七の二男が養子となって、大島喜兵衛として跡を継いだ。大島と楫取との関係から、喜兵衛が亡父・大島喜六の名で発起人となり寄付金を出したと思われる。

生形柳太郎

　文久元年生まれ。「生方」と表記。家業は竪町で「大津屋」という薬舗。父八郎が前橋

二十五人衆の一人。慶應義塾卒業。明治25年市会議員（参事会員）。明治21年から県会議員。県薬種商第一組合頭取。同40年没。

横川重七

文政9年竪町に生まれる。屋号「河内屋」という呉服太物商の総本家。前橋二十五人衆の1人。謡曲、絵を嗜み、絵は金井烏洲に師事、号を「霞洞」。発起人に名を連ねたが、明治24年10月23日に亡くなったので、建碑の完成を見ることができなかった。

横川吉兵衛

前橋商業会議所議員。

八木原巳代吉

前橋二十五人衆の1人。天保7年竪町に八木原巳代吉の長男に生まれる。八木原家は大地主の素封家。「三代吉」とも表記される。竪町伍長頭取、町会議員。明治25年没。

串田宗三郎

前代田に明治22年串田製糸所を開業。

中島政五郎

天保12年勢多郡駒形新田の岡崎茂太夫の三男として生まれる。細ヶ澤の肥料商・中島政五郎の婿養子となった。明治初期には糸繭商も営む。市議会議員。大正7年没。

渋谷充

元前橋藩士族。県庁職員（警部など）として楫取県令に仕えた。町会議員。市会議員。

深町富八

町会議員。横山町で味噌醤油醸造製造販売業「清水井」を経営。

深町代五郎

弘化2年相生町に生まれる。父・富蔵は群馬郡室田の出身で天保2年前橋に移住し味噌醤油醸造業を開業。働きぶりが玉村の深町氏に認められ娘と結婚し深町姓を名乗った。長男・富八は横山町で味噌醤油醸造業を営み、二男が代五郎。三男傳七が紙販売「清水井」を経営。代五郎の妻が下村善太郎の姪。善太郎から勧誘されて、県庁移転に尽力した。前橋二十五人衆の1人。相生町で醤油味噌製造「清水井」を経営。

太田利喜三

太田利喜造（蔵）とも表記。天保11年に諏訪町に生まれた。先祖は酒井家の藩士であったが、酒井家の姫路移封で長男が姫路に、二男が前橋に残り豪士になったのが、太田家の始まり。御用達をつとめ、明治5年に前橋町の組頭。前橋二十五人衆の1人。同12年小柳町ほか四ヶ町町会議員。酒造業と製糸業を営み、諏訪町に製糸桃井社を設立し社長となった。

武田友七郎

天保5年本町に生まれる。下村善太郎とともに糸繭商を営む。前橋二十五人衆の1人。本町から榎町に通ずる仲坂の道路を私財で開削。

筒井勝次郎

前橋二十五人衆の1人。弘化3年連雀町に生まれる。筒井家は油商を営み旧藩時代に町名主。明治25年没。

菜原壽平

連雀町で薬種商を営む。本店は沼田で前橋はその支店。信濃国生まれで沼田材木町の桑原家の養子になって雑貨商を営む。前橋に来て砂糖を買い取ったが、その処分に困り販売店を前橋に置いたのが始まり。前橋二十五人衆の1人。沼田町の菜原三之助は孫。

岩崎作太郎

町会議員。臨江閣建設資金提供者の1人。

根岸久三郎

桑町で呉服太物店を経営。

小泉長七

下村善太郎の妻・せゑの兄・茂七の本家。昇立社の発起人の1人。

小泉藤吉

小泉長七の家に職人として勤めていたが、隣家で糸繭商を営んでいた下村善太郎の妻・せゑの兄・茂七にその才能を見出され精糸昇立社を発起人となり、下村善太郎から経営を全面的に任された。紺屋町に在住。市会議員。

馬場常七

桑町で薬種商「伊勢屋」を営む。町会議員。

松本源五郎

旧前橋藩士族で、精糸原社の桐華組の代表。上毛繭糸改良会社副頭取。士族授産として士族5人と曲輪町に「屑繭紡績所」を明治15年創業。前橋町の区長（第一大区）。明治25年市会議員（参事会員）。

（3）前橋以外の発起人

前橋町以外の発起人は、次の通りである。

西群馬郡高崎町（市）

矢島八郎は、西群馬郡兼片岡郡郡書記として楫取県令に仕え、初代町長、初代市長、県会議員、衆議院議員。近代高崎建設の功労者。

桜井伊兵衛は、4 代伊兵衛で、家業は絹太織問屋「松屋」。大地主で高崎町会議員などを歴任し、明治 23 年に群馬県の第 1 回貴族院多額納税議員となった。

清水新次郎は、弘化 4 年生まれ、穀類塩問屋。多額納税者。

緑埜郡美土里村（藤岡市）

折茂健吾は、文政 10 年砥沢村（南牧村）市川五兵衛真信の六男として生まれ、大塚村（藤岡市）折茂保興の養子となる。明治 12 年郡区町村制により郡ができると、楫取県令に抜擢され、緑埜・多胡・南甘楽の 3 郡の郡長を兼務した。同 19 年退職。同 25 年没。

緑埜郡藤岡町（市）

大戸甚太郎は、藤森天山・大沼枕山に漢学、書道を学び、木村友三から神武一刀流を修めた文武両道の人。熊谷県時代の明治 7 年北第 15 区長、群馬県時代には緑埜・多野郡書記などを歴任。熱心なクリスチャンで、高山社や蚕業学校の創設に敷地などを提供して貢献。

南甘楽郡上野村

茂木要次郎は、生家は旧新羽村で名主を務める。戸長などの役職を歴任し、明治 22 年初代村長、同 25 年から県会議員。明治 17 年の秩父事件では困民党から人足を要求されたが断り、鎮圧に協力。

南甘楽郡美原村（藤岡市鬼石町）

新井平蔵は、生家は苗字帯刀の家柄。名主・戸長などを歴任し、美原村初代村長に就任。県会議員 2 期。緑野精糸社坂原組長。

北甘楽郡富岡町（市）

保坂正堂は、群馬県士族で北甘楽郡書記、准十四等一ノ宮町外九ヶ村連合戸長。

黛治郎は甘楽精糸原社（甘楽社）役員。

碓氷郡磯部村（安中市）

萩原茂十郎、萩原鐐太郎は兄弟の間柄で、碓氷社の創設者。茂十郎は磯部村初代村長、県会議員を歴任。鐐太郎は区長、学務取締役、碓氷郡書記、郡長などを歴任し、県会議員を 4 期。衆議院議員を 1 期務めた。

吾妻郡原町（東吾妻町）

山口六平は、山口家は名主の家柄で、区長・学区取締役・吾妻郡書記などを歴任し、明治 13 年から県会議員、同 29 年に副議長になった。クリスチャン県会議員。吾妻精糸会社を設立し、郡内町村に支部を置き、アメリカに生糸の直輸出を試みた。私財を投じて県下の三番小学校（原町学校）を設立。

吾妻郡中ノ條町（中之条町）

田中甚平は、18 歳で熊谷県から副戸長に任じられ、明治 15 年県会議員に当選、同 32 年に副議長に就任。同 26 年に中之条町長、同 29 年吾妻郡会議員。同 22 年パリの万国博覧会に農商務省から全国 4 人の派遣員に選ばれた。中之条養蚕組合代表。

吾妻郡澤田村（中之条町）

折田軍平は、明治 5 年副戸長、明治 12 年県会議員、翌年に学務委員、吾妻郡書記、同 16 年から再び県会議員、同 29 年吾妻郡会議員、同 33 年澤田村長に就任。畜産業を営み、前橋搾乳所長・赤城牧場指揮役などを歴任。

利根郡沼田町（市）

田村廉重は、群馬県士族で利根郡書記十二等相当。明治 7 年から 11 年まで学区取締役。

利根郡池田村（沼田市）

松井八十吉は、明治 5 年に副戸長に就任して以来、道路取締役、地租改正総代、連合戸長、村会議員などを歴任し、同 14 年に県会議員に当選して 26 年間県会議員をつとめた。明治 22 年に初代池田村長に就任。

北勢多郡赤城根村（沼田市）

鈴木喜左衛門は、戸長、連合戸長を経て明治 22 年初代赤城根村長。翌年県会議員、同 29 年利根郡会議員となり郡会議長として活躍した。鈴木家は「利根の三大尽」の一つ。

佐位郡伊勢崎町（市）

石原蔵蔵は、群馬県士族で佐位郡兼那波郡長として楫取県令に仕えた。

佐位郡赤堀村（伊勢崎市）

中島文左は、明治 17 年に県会議員に当選。同 23 年創立の上毛馬車鉄道株式会社の社長になった。

那波郡名和村（伊勢崎市）

野村藤太は、明治 12 年に県会議員に当選。明治 25 年と同 27 年に県会議長に就任。同 19 年にキリスト教に入信し、クリスチャン議員の有力者。県会議員の徳江亥之助と正田虎四郎は実弟。

新田郡鳥ノ郷村（太田市）

大島直作は、大島村ほか四ヶ村連合戸長、明治 16 年に県会議員、同 22 年鳥之郷村が誕生すると初代村長に就任。

新田郡生品村（太田市）

小川良平は、村田村ほか八ヶ村連合戸長、明治 17 年に県会議員。同 22 年生品村が誕生すると初代村長に就任。

新田郡尾島町（太田市）

岡田三郎は、明治 13 年に県会議員に当選して 4 期。同 30 年に尾島町長に就任した。日本蚕種会の議員となり、大日本蚕糸会会員であった。

金井貢は、明治17年に県会議員に当選、同25年に第2回衆議院議員選挙に当選し、以後、第3回、6回に当選した。

山田郡桐生町（市）

佐羽吉五郎（不詳）。

小島邇一郎は、神官で儒者であった大和守行楚の三男。桐生新町副戸長、県吏員などを歴任し、明治11年山田郡書記。明治21年から県会議員3期。美和神社神官ながら糸繭商や質屋を経営した。

岩崎民三郎は、家業の機業を継ぎ、明治14年に佐羽吉右衛門らと合資縮緬会社を創設したが、1年後に解散。同17年楫取県令の援助で桐生縮緬会社として再発足した。輸出向けの縮緬・羽二重を製織、桐生における輸出織物の先鞭。福島県に羽二重を伝えたのは民三郎の力であった。

邑楽郡大箇野村（板倉町）

折原逸太郎は、邑楽郡書記を経て明治17年に県会議員。同22年大箇野村ができると初代村長となった。

邑楽郡館林町（市）

熊谷直方は、明治12年館林町会議員、同22年館林町長となり県会議員にも当選した。楫取県令時代に邑楽郡准十四等館林町戸長を歴任。

南條新六郎は、元館林藩士で明治10年に士族授産で第四十国立銀行を創設し頭取となった。同18年に県会議員となった。

西村年一は、山口県士族で楫取県令時代に邑楽郡書記十六等相当。

邑楽郡高島村（邑楽町）

中村嶺八は、戸長、中野村ほか四ヶ村連合戸長を経て、明治15年に県会議員となった。同22年に高島村が誕生すると初代村長に就任した。

南勢多郡黒保根村（桐生市）

星野耕作は、明治12年から県会議員に当選。翌年には第2代副議長になった。明治5年に学制が頒布されると、県内3人の学区取締に選任され、南勢多・佐位両郡の受持区域に20余りの小学校を創設。明治13年に上毛繭糸改良会社設立に尽力し取締役となった。同22年に日本改良蚕種販売会社取締役、上毛馬車鉄道会社副社長に就任。

南勢多郡横野村（渋川市）

角田喜右作は、明治15年から県会議員を4期務めた。同25年に横野村長となった。自由民権運動にも携わり、刀川英学校の設立に尽力。

佐位郡采女村（伊勢崎市）

宮崎有敬は、明治元年岩鼻県駅逓掛になり、以後、伊勢崎藩周旋方、同藩大属、群馬県十一等出仕、大蔵省勧農寮十一等出仕、群馬県権大属、内務省勧業寮十一等出仕などを歴

任し、同 12 年には県会議員になり初代議長に選ばれた。5 年間の議長時代は楫取県令在任期間と重なった。同 13 年、星野長太郎と上毛繭糸改良会社の創設に努め、のち社長に就任した。

邑楽郡長柄村（邑楽町）
　新井格太郎（あらいかくたろう）は、邑楽郡役所の書記を経て、明治 21 年に県会議員に当選した。

第 3 章　寄付者

（1）寄付者の概要

　功徳碑の脇には、寄付者の名前を刻んだ石碑が立っている。碑の表・裏両面いっぱいに寄付者の個人名や会社名、団体名などが刻まれている。寄付者名を示すと、次の通りであるが、寄付者名に文字の異同が認められる。たとえば、西連寺住職の艸香唯道（くさかゆいどう）は「緑埜郡藤岡町　草香唯道」と書かれている。

寄付者碑　表面

【表面】
横濱蓬莱町　／　伏島幸平、伏島孔次、伏島長蔵、伏島粂次郎、伏島増蔵
在米國紐育　／　新井領一郎
東京青山南町　／　従四位勲三等・安川繁成
長野県長野町　／　従五位勲六等・小野田元凞
長崎県佐世保村　／　従七位・渋谷競多
東京京橋采女町　／　稲葉秀作
東京芝田町　／　笹尾精憲
東京芝愛宕下町　／　兒玉春房
東京本郷根津須賀町　／　宮田重固
東京本郷　／　正八位・小関信國
東京下谷練塀町　／　大木志ゆん
長野県松本町　／　従七位・五十嵐匡里
埼玉県児玉町　／　福田宗太郎
東京牛込南山伏町　／　従七位勲八等・宮田信敬

山田郡

桐生町 ／ 佐羽吉右衛門、書上文左衛門、常見喜太郎、森宗作、大澤福太郎、従七位・吉見邦直、加藤正一、佐羽萬平、齊藤正七郎、田沼米蔵、吉田儀平、神山傳四郎、神山芳次郎、小林勘三郎、小林利平、須藤辨次郎、福田森太郎、岩野直次郎、新井啓一郎、小野里喜左衛門、藤掛勝太郎、大澤源作、加藤義質、書上定平、前原傳次郎、吉田清蔵、大澤久蔵、小林與市、大澤榮八、磯野恒徳、中島彦太郎、藤井周作、田村俊造、小山喜十郎、阿部佐平、稲垣耕二、篠窪黎弼

大間々町 ／ 高草木與四衛、澤與八郎、長澤小平、須永善十郎、野口金太郎、関口善次郎、岡宗一郎、星野彦太郎、松島四郎治、大澤竹次郎、中島利三郎

相生村 ／ 津久井英太郎、関口藤四郎、園田喜十郎、下山清次郎、森田半七、森田福太郎、藍原角太郎、青木仙次郎、蛭間才平

川内村 ／ 高草木兼太、柔原佐吉、二渡金平、二渡宇八郎、星野傳七郎、中里宗五郎、高草木仙次郎、清水久五郎、星野直吉、園田蔵十郎

境野村 ／ 新井藤太郎、田中佐平、山崎亀吉、新井機一、高橋だ以、茂木正三郎、石井政平、関口平吉

梅田村 ／ 中島代次郎、青木熊太郎、青木保蔵、内田儀平治、内田宗平、川島源平、森下新三郎、大川新十郎

廣澤村 ／ 丹羽忠五郎、藤生佐吉郎

福岡村 ／ 山同藤十郎、山同善作

韮川村 ／ 伏島真一郎、秋草直右衛門、長山新四郎、中村勘蔵

毛里田村 ／ 板橋新次郎、有志者七名

南勢多郡

富士見村、荒砥村、新里村、木瀬村、南橘村、粕川村、桂萱村、北橘村、敷島村、宮城村、横野村、大胡村有志者、芳賀村、蚕種改良組合

黒保根村 ／ 星野長太郎、新井昇作、星野七重郎、関口長次郎

宮城村 ／ 奈良原清志

富士見村 ／ 須田真太郎、樺澤銀平、字箕輪有志者

桂萱村 ／ 齊藤一車

南橘村 ／ 萩原庫平

北橘村 ／ 根井行雅

東村 ／ 糸井泉吉、神山雄一郎、石原為次郎、有志者四名

西群馬郡

渋川町

高崎町 ／ 吉田庄八、瀧川喜平、中島伊平、従七位・伊藤祐之、小島彌平、橋本清七、服部権、山田大衛、山縣街、兒玉平一、盤井宗成

伊香保町 ／ 伊香保町有志者、木暮八郎、福田與重

岩鼻村 ／ 近藤清、桂川春水

明治村 ／ 森田一作

箕輪村 ／ 石田有道

堤ヶ岡村 ／ 志村彪三

清里村 ／ 木暮善次
京ヶ島村 ／ 反町覺彌
白郷井村 ／ 宮下孫兵衛、後藤真一郎、有志者八名

佐位郡
伊勢崎町 ／ 織物業組合、従七位・大野和信、膳浅次郎、星野源八郎、星野太平、武孫平、
　下山求平、町田傳七郎、相川次郎平、羽尾勘七、中澤豊七、野田茂介、若村源左衛門、
　新井房五郎、吉永新太郎、大竹勝二郎、町田多十郎、久保田兵平、小暮守三郎、川端庄三郎、
　細野右左二、棒箸半次郎、板垣清平、有志者四名
埴蓮村 ／ 下城彌一郎
境町 ／ 永井貞二
剛志村 ／ 有志者七名

邑楽郡
館林町 ／ 第四十國立銀行役員・南條新六郎、第四十國立銀行役員・笠原圓蔵、第四十
　國立銀行役員・矢部英蔵、従七位・八木始、正八位・村山具贍、髙橋濟、髙木担治、坂
　本恒次郎
佐貫村 ／ 神谷嘉平、野本五郎次

碓氷郡
安中町 ／ 士族一同、櫻井小太郎、根岸松齢、小林竹七郎、室橋信好、岸田恭譲、津田澄、
　金井賀茂、山田立超、有志者十三名
八幡村 ／ 沼賀誠三郎、有志者三名
磯部村 ／ 堀口謙齊、大手萬平、城田代吉、夏目信方、飯沼剛明、林益造
原市町 ／ 仁井喜信、有志者弐名
東横野町 ／ 萩原國太郎
松井田町 ／ 髙木幹
後閑町 ／ 有志者一名

新田郡
尾島町 ／ 白石庫之助
太田町 ／ 正八位・髙山幸男、渋澤直次郎、田中藤左衛門、大塚久右衛門、本島自柳、
　小林平三郎、田中巌郎、有志者一名
綿打村 ／ 荒牧孫三郎
藪塚本町 ／ 伏島忠五郎、伏島勘之助、伏島作蔵、福田清平、椎名文太郎
鳥之郷村 ／ 大島伊平、武藤道齊
九合村 ／ 飯田和五郎
澤野村 ／ 碓氷慶作
世良田村 ／ 栗原大三郎
木崎町 ／ 蓮沼吉衛
笠懸村 ／ 藤生高十郎
強戸村 ／ 岡部駒次郎

宝泉村 ／ 塚越禎三郎
生品村 ／ 丸山慎八郎、根岸彦六、川島徳次郎、塚越六平、鈴木文太郎

緑埜郡
美土里村 ／ 瀧上半平、小林五郎平、折茂林平、堀越武十郎、有志者弐名
藤岡町 ／ 正八位・甲斐信夫、廣瀬志賀、佐々木保之、吉田菊次郎、宮城助七、草香唯道
美九里村 ／ 田島金七、須藤七郎、町田菊次郎
平井村 ／ 髙山隆平、粂胎一郎、富田又平
新町 ／ 大久保適齋
八幡村 ／ 増尾徳八郎、髙井信重
鬼石町 ／ 真下光治、有志者六名
小野村 ／ 山口正太郎
三波川村 ／ 飯塚志賀

利根郡
沼田町 ／ 従七位・松井強哉、青木吉右衛門、粂原三之助、森川勘平、中島藤兵衛、勅使原吉太郎、吉川恭治、有志者十五名
東村 ／ 大字穴原村
利南村 ／ 松永権右衛門、星野宗七
古馬牧村 ／ 真庭澳之助、真庭治兵衛、阿部平造
桃野村 ／ 髙橋太郎平、内海彌平治、後閑隆之助
湯ノ原村 ／ 笛木國太郎
池田村 ／ 赤井節之助
片品村 ／ 有志者十七名

那波郡
玉村町 ／ 島田重作
名和村 ／ 髙橋敏太郎、大和信一郎、大久保秀之助、髙橋主一郎、西村右東、役場吏員、有志者廿二名

吾妻郡
中ノ條町 ／ 従七位・鳥山無可、町田重平、町田儀平、粂原竹次郎、伊能八平、田村喜八、根岸善作
原町 ／ 原澤五平

北甘楽郡
冨岡町 ／ 従七位・利根川孫六、製糸會社七日市組、韮塚直次郎、畑時行、古澤小三郎
一ノ宮町 ／ 鈴木城作、富永兵太郎
岩平村 ／ 矢島源松、有志者一名

南甘楽郡

上野村　／　茂木喜作、浅香教多、黒澤萬吉、黒澤寛次
中里村　／　土屋平内、有志者一名
神川村　／　新井春吉

多胡郡
日野村　／　小柴重太郎、小柴甚三郎
入野村　／　三木長太郎、新井新吾、三木出茂、有志者三名
吉井町　／　小林省吾、臼田束、有志者六名
多胡村　／　有志者一名

東群馬郡
上川淵村　／　前橋紡績會社

北勢多郡
赤城根村　／　有志者四名
糸ノ瀬村　／　萩原宗治、加藤信次、有志者三名

前橋市
本町　／　第三十九國立銀行、第二國立銀行支店、第三十三國立銀行支店、上毛繭糸改良
　會社、下村善右衛門、平井與吉、上州社、上毛物産會社

【裏面】
前橋市
竪町　／　須藤安平、真下鶴吉、佐藤八三郎、山口保太郎、藤澤正平、西川かね、関口仁三郎、
　竹原長次郎、津久井以そ
立川町　／　石原新造、佐藤棟助、平形藤平、福田政太郎、平井音吉、小池今造、前橋繭
　市場會社、昇立社、敷島座、黒澤桂之助、杉本亀冶、須田治平、田村平吉、八木原政吉、
　竹内亀吉、小泉茂七、荒井勇次郎、佐藤市造、髙間兼吉、川上助次郎、小林芳三郎、小
　島金六、石黒与四郎、橋本藤吉、山岸芳造、山岸忠吉、田中安吉、杉友六、岡谷精一、
　吉澤賢之助、梓澤茂市、小林伊平、森桂三郎
横山町　／　木村専一郎、岡田文吉、関口新三郎、小池太平、八木清次郎、手塚鎌五郎、
　鈴木留次郎、杉本利三郎、寺島一二、倉田由三、櫻井傳三、髙橋佐五郎、笠井純卿、福
　島音吉、矢野好阡、石川善七、亀井健治、秋山銀治、鈴木政吉、佐藤銭五郎、髙間孝吉、
　中村新太郎、八木原又七、松宮彌平
枼町　／　藤岡與市、鈴木半兵衛、日髙喜助、鈴木金三郎、宮内國太郎、須藤芳太郎、畑田定吉、
　鈴木磯太郎、日髙嘉七、岡田ちの、川端茂三郎、鈴木兼吉、川端長吉、横山敬一郎、中村
　岩吉、飯島佐助、春山義太郎、栗田仁三郎、猪野吉太郎、石橋傳造、筧保太郎、内山長八、
　鱚信造、小原甚太郎、畑田代次郎、青木栄三郎、竹内徳平、平山鈝次郎、冨岡常吉、山
　内彦太郎、杉村恭助、津久井茂八、武田庄太郎、浅田金次郎、磯部吉助、杉浦孫三郎、
　相馬保吉
紺屋町　／　青木直人、藤本梅太郎、籾山喜一郎、里見みき、大久保ゑ以、荒井亀吉、塩

原善四郎、舩瀬才太郎、代田乙五郎、須田磯五郎、小原澤錠三郎、新井喜造、齊藤志ほ、遠間伊惣次、川島け以、新井常七、宮澤久次郎、山田彌八、小松きん、三澤甚吾、金子歌吉、小西兼吉、早川清吉、並木喜三郎、青木よ志、櫻井天汰、田中や以、加藤武八、青木彌造、関口ふき、南波五郎三、山田誠吉、近藤金造、大谷忠太郎、松浦重太郎、池田孫七、奈良角次郎、甲賀たか

曲輪町　／　上毛新聞社長・篠原叶、清水道三郎、羽生田仁作、山嵜恭輔、篠原叶、須田又八郎、小川堤三、髙橋常蔵、新井文吉、松村元三、近藤鍛吉、小栗音五郎、瀧澤重吉、遠間惣五郎、井上輔三、鈴木萬三郎、板垣吉彌、佐藤与三郎、小池米三郎、野中倉吉、髙畠武増、渡邊吉五郎、鈴木萬吉、丸山長松、坂部林三郎、伊藤真英、黒崎長三郎、山口こと

連雀町　／　坂井忠七、田口永八郎、黒澤喜三郎、唐澤倉吉、田島豊太郎、内山安衛、本間岩吉、三添廣吉、金井正勝、松井芳太郎、寺田熊吉、小林力五郎、平井佐助、小林勇次郎、平松雄太郎、長澤定七、中島治平、有坂啓助、鈴木誠次郎、荒木傳治、羽鳥嘉造、廣幡亮充、関口儀助、藤生伊平、澤野市太郎、澤村儀三郎、岡村鍾作、川久保丈助、羽鳥政吉

細ヶ澤町　／　藤井新兵衛、中野森太、澤村嘉平治、藤井民平、手島清三郎、奈良伊之助、小松恒五郎、海野友吉、小林儀平、藤井利七、長谷川夘吉、中野姜吉、新井久三郎、小関宇吉、藤井音吉、小林熊五郎、樺澤藤平、小松亀三郎、藤田五郎造、小松林兵、藤塚藤吉、中野仲七、西村兼次郎、浅井寅吉、菅野鋏太郎、井上庄吉、宮澤亀太郎、福本銀次郎、若井寅吉、武藤松造、南波民八、岩嵜定次郎、貫井長造

相生町　／　中井庄次郎、畑康五郎、津久井文讓、三品與三郎、根岸金次郎、津久井敬八、鯨井八百吉、片山多七、程山文太郎、小林喜作、小川喜八、石原龍太郎、有志者三名

北曲輪町　／　皇典講究会所、従四位勲三等・中村元雄、従六位勲六等・島田宗正、赤城牧場、安井醇一、萩原密蔵、久野久、正七位・鈴木捨三、正七位・今村研介、正七位・吉川直簡、蜂須長五郎、川口辰三郎、小林勝寿、白坂定之、髙橋周禎、平賀勝三郎、有志者十一名

田町　／　大渕作太郎、三ツ井扇吉、西村浦次郎、中澤平吉、中井繁次郎、井田小平、中島安太郎、細谷茂三郎、神田嘉惣次、田中辰次郎、宮内森太郎、武藤甚造、伊藤安五郎、髙田房吉、岩嵜平吉、宮川喜文治、濱田繁吉、小倉長太郎、小保方米吉、池田亀吉、西田國太郎、新井亀吉

片貝町　／　市村茂吉、吉澤茂平、青木平五郎、内海多門太、井上芳造、椎名亦男、福田孝吉、細川五郎松、土屋房次郎、秋山伴吉、遠藤甚造、兼田金次郎

中川町　／　中島榮六、青木源四郎、酒井末男、遠藤鏘平、岡田登晃衛、品川伍作、田所作太郎、亀井榮造、岩瀬清次郎

新町　／　北爪輪助、竹越米造、宮澤駒太郎、齋藤總平、有志者三名

諏訪町　／　太田勝十郎、五十嵐久平、田村新三郎、梅澤直造、馬場水穂、今野熊吉、井上與吉、林伊三郎、有志者十六名

小栁町　／　荒井正八、登坂又五郎、木部金次郎、田村孫惣、藤井榮吉、小松源吉、杉本熊太郎、有志者十名

萱町　／　大澤三吉、山田仁輔、今井孫四郎、松枝宅五郎、近藤忍造、中島仙吉、高野角二郎、生田榮十郎

榎町 ／ 印東福郎、関根りか、神山森吉、麻島常吉、瀧澤仲造、安本重治、中村周次郎、對間彌左衛門、倉林むつ、藤井篤存、有志者廿八名

神明町 ／ 正六位勲六等・千谷敏徳、山田精一、加藤良夫、森本鶴造、笹治元、中尾吉蔵、関農夫雄、有志者四名

芳町 ／ 小池松次郎、須藤平次郎、有志者八名

堀川町 ／ 正七位勲六等・小田切秀継、従七位・中岡藹、小林正義、津金豊昵、伊東米次郎、保岡亮吉、有志者七名

南曲輪町 ／ 有志者、瀧澤菊太郎、牧齊太郎、森下鑛吉、小野島行薫、磯村應

向町 ／ 従七位・真野節

岩神町 ／ 有志者、上毛馬車鉄道会社、瀧野壽茂、横地巳之吉、大嶋雲八、渡邉理、川口鋼、松村つね

一毛村 ／ 交水社、細谷桟平、佐賀山鎌太郎、加藤小平、有志者六名

才川村 ／ 才川村有志者

萩村 ／ 松田孝、中野盈置、笹原廣治、中山冬熊、大野清作、松田むつ、岡田亀松

田中町 ／ 有志者、深井仙八

國領村 ／ 髙須泉平、鈴木藤太郎、内野健吾、島田輪十郎、吉田輪三郎、近藤忠一

天川村 ／ 熊谷株六

清王寺村 ／ 従七位・三木兼象、須賀原清真、宮島俊總

北神明町 ／ 髙久逸象

宗甫分村 ／ 古田元詮、廣瀬伊藤次

紅雲分村 ／ 鷲田迅雄、森村連太、林傳次

前代田村 ／ 髙木庄八、堀内榮吉、田所房五郎

前代田村

百軒町

石川町

天川原村

大塚町

鳶職総代 ／ 小川濱吉、宮嵜瀧造、髙橋常吉

土方職総代 ／ 羽柴三吉、長谷川代五郎、田島角次郎

石工總代 ／ 唐澤鷹吉、宮下馬太郎、坂石兼吉

　明治22年の町村制によって、206の新町村が誕生した。そのうちの半数に当たる101の自治体から寄付が集まった。表2は、寄付者を現在の市町村別に多い順からまとめたものである。

〈表 2〉市町村別寄付者数一覧

	現在の市町村	当時の町名	人数	備考	市町村合計
1	前橋市	前橋市紺屋町	38		495
2		前橋市榎町	38	うち有志者 28 人	
3		前橋市栄町	37		
4		前橋市細ヶ澤町	33		
5		前橋市立川町	30	＋3 団体	
6		前橋市連雀町	29		
7		前橋市曲輪町	28		
8		前橋市北曲輪町	25	うち有志者 11 人、＋2 団体	
9		前橋市横山町	24		
10		前橋市諏訪町	24	うち有志者 16 人	
11		前橋市田町	22		
12		前橋市小梛町	17	うち有志者 10 人	
13		前橋市相生町	15	うち有志者 3 人	
14		前橋市堀川町	13	うち有志者 7 人	
15		前橋市片貝町	12		
16		前橋市神明町	11	うち有志者 4 人	
17		前橋市芳町	10	うち有志者 8 人	
18		前橋市堅町	9		
19		前橋市中川町	9		
20		前橋市一毛村	9	うち有志者 6 人、＋1 団体	
21		前橋市萱町	8		
22		前橋市新町	7	うち有志者 3 人	
23		前橋市萩村	7		
24		前橋市岩神町	6	＋有志者＋1 団体	
25		前橋市國領村	6		
26		前橋市南曲輪町	5	＋有志者	
27		前橋市清王寺村	3		
28		前橋市紅雲分村	3		
29		前橋市前代田村	3		
30		南勢多郡富士見村	2	＋有志者	
31		前橋市本町	2	＋6 団体	
32		前橋市宗甫分村	2		
33		南勢多郡宮城村	1		
34		南勢多郡桂萱村	1		
35		南勢多郡南橘村	1		
36		西群馬郡清里村	1		
37		前橋市向町	1		
38		前橋市田中町	1	＋有志者	
39		前橋市天川村	1		

40		前橋市北神明町	1		
41		南勢多郡		1団体	
42		南勢多郡富士見村		村名のみ	
43		南勢多郡荒砥村		村名のみ	
44		南勢多郡木瀬村		村名のみ	
45		南勢多郡南橘村		村名のみ	
46		南勢多郡粕川村		村名のみ	
47		南勢多郡桂萱村		村名のみ	
48		南勢多郡宮城村		村名のみ	
49		南勢多郡大胡村		有志者のみ	
50		南勢多郡芳賀村		村名のみ	
51		東群馬郡上川淵村		＋1団体	
52		前橋市才川村		有志者のみ	
53		前橋市前代田村		村名のみ	
54		前橋市百軒町		町名のみ	
55		前橋市石川町		町名のみ	
56		前橋市天川原村		村名のみ	
57		前橋市大塚町		町名のみ	
58	桐生市	山田郡桐生町	37		78
59		山田郡川内村	10		
60		山田郡相生村	9		
61		山田郡境野村	8		
62		山田郡梅田村	8		
63		南勢多郡黒保根村	4		
64		山田郡廣澤村	2		
65		南勢多郡新里村		村名のみ	
66	伊勢崎市	那波郡名和村	27	うち有志者22人、＋役場吏員	62
67		佐位郡伊勢崎町	26	うち有志者4人、＋1団体	
68		佐位郡剛志村	7	うち有志者7人	
69		佐位郡埴蓮村	1		
70		佐位郡境町	1		
71	太田市	山田郡毛里田村	8	うち有志者7人	40
72		新田郡太田町	8	うち有志者1人	
73		新田郡藪塚本町	5		
74		新田郡生品村	5		
75		山田郡韮川村	4		
76		新田郡鳥之郷村	2		
77		新田郡尾島町	1		
78		新田郡綿打村	1		
79		新田郡九合村	1		
80		新田郡澤野村	1		
81		新田郡世良田村	1		

82		新田郡木崎町	1		
83		新田郡強戸村	1		
84		新田郡宝泉村	1		
85	高崎市	西群馬郡高崎町	11		40
86		多胡郡吉井町	8	うち有志者6人	
87		多胡郡入野村	6	うち有志者3人	
88		碓氷郡八幡村	4	うち有志者3人	
89		西群馬郡岩鼻村	2		
90		緑埜郡八幡村	2		
91		北甘楽郡岩平村	2	うち有志者1人	
92		西群馬郡箕輪村	1		
93		西群馬郡堤ヶ岡村	1		
94		西群馬郡京ヶ島村	1		
95		緑埜郡新町	1		
96		多胡郡多胡村	1	うち有志者1人	
97	安中市	碓氷郡安中町	21	うち有志者13人、＋1団体	33
98		碓氷郡磯部村	6		
99		碓氷郡原市町	3	うち有志者2人	
100		碓氷郡東横野町	1		
101		碓氷郡松井田町	1		
102		碓氷郡後閑町	1	うち有志者1人	
103	藤岡市	緑埜郡鬼石町	7	うち有志者6人	29
104		緑埜郡美土里村	6	うち有志者2人	
105		緑埜郡藤岡町	6		
106		緑埜郡美九里村	3		
107		緑埜郡平井村	3		
108		多胡郡日野村	2		
109		緑埜郡小野村	1		
110		緑埜郡三波川村	1		
111	沼田市	利根郡沼田町	22	うち有志者15人	29
112		北勢多郡赤城根村	4	うち有志者4人	
113		利根郡利南村	2		
114		利根郡池田村	1		
115		利根郡東村		村名（大字穴原村）	
116	みどり市	山田郡大間々町	11		21
117		南勢多郡東村	7	うち有志者4人	
118		山田郡福岡村	2		
119		新田郡笠懸村	1		
120	利根郡片品村	利根郡片品村	17	うち有志者17人	17
121	渋川市	西群馬郡白郷井村	10	うち有志者8人	13
122		西群馬郡伊香保町	2	＋有志者	
123		南勢多郡北橘村	1		

124		南勢多郡北橘村		村名のみ	
125		南勢多郡敷島村		村名のみ	
126		南勢多郡横野村		村名のみ	
127		西群馬郡渋川町		町名のみ	
128	館林市	邑楽郡館林町	8		8
129	利根郡みなかみ町	利根郡古馬牧村	3		7
130		利根郡桃野村	3		
131		利根郡湯ノ原村	1		
132	吾妻郡中之条町	吾妻郡中ノ條町	7		7
133	富岡市	北甘楽郡冨岡町	4	＋1団体	6
134		北甘楽郡一ノ宮町	2		
135	神奈川県横浜市中区蓬莱町	横濱蓬莱町	5		5
136	利根郡昭和村	北勢多郡糸ノ瀬村	5	うち有志者3人	5
137	多野郡上野村	南甘楽郡上野村	4		4
138	多野郡神流町	南甘楽郡中里村	2	うち有志者1人	3
139		南甘楽郡神川村	1		
140	邑楽郡明和町	邑楽郡佐貫村	2		2
141	東京都中央区京橋	東京京橋采女町	1		1
142	東京都文京区本郷	東京本郷根津須賀町	1		2
143		東京本郷	1		
144	吾妻郡東吾妻町	吾妻郡原町	1		1
145	アメリカ合衆国ニューヨーク市	在米國紐育	1		1
146	北群馬郡吉岡町	西群馬郡明治村	1		1
147	埼玉県本庄市児玉町	埼玉県児玉町	1		1
148	佐波郡玉村町	那波郡玉村町	1		1
149	東京都牛込区	東京牛込南山伏町	1		1
150	東京都台東区秋葉原	東京下谷練塀町	1		1
151	東京都港区愛宕	東京芝愛宕下町	1		1
152	東京都港区芝	東京芝田町	1		1
153	東京都港区南青山	東京青山南町	1		1
154	長崎県佐世保市	長崎県佐世保村	1		1
155	長野県長野市	長野県長野町	1		1
156	長野県松本市	長野県松本町	1		1
157		＊鳶職総代	3		
158	前橋市	＊土方職総代	3		9
159		＊石工總代	3		
合計（個人名）				929	

（2）寄付者（県外）

県外の寄付者は、次の通りである。

横浜蓬莱町（神奈川県横浜市）

伏島幸平は、伏島近蔵の二男「孝平」。横浜の家を継ぐ。

伏島孔次は、伏島近蔵の三男。

伏島長蔵（不詳）。

伏島泰次郎は、伏島近蔵の長男・作蔵（第四代薮塚本町町長）の子・たきの夫。佐波郡赤堀村市場の下山家から養子になり、たき夫人とともに伏島家を継ぐため横浜から薮塚本町に移った。第六代町長（大正元年〜4年）に就任。

伏島増蔵は、伏島近蔵の四男。

在米國紐育（アメリカ合衆国ニューヨーク市）

新井領一郎は、楫取素彦夫人の寿子から兄・吉田松陰の形見の短刀を托されてアメリカに渡り、生糸の直輸出の販路を切り拓いたことは、ハル・ライシャワー・松方の著書『絹と武士』に詳しく描かれている。

東京青山南町（東京都港区）

従五位勲三等・安川繁成は、新田郡綿打村に岩崎八十吉の四男として生まれ、白河藩士安川休翁の養子となった。大鳥圭介らに蘭学を学び、慶応3年福沢諭吉の塾に学んだ。戊辰戦争が起こると藩に帰り勤皇論を主張。会津城攻撃に際し、岩倉具視に知られ、制度寮書記、左院少議生となり、岩倉遣欧使節に同行。岩倉らと日本鉄道会社を創設し社長となった。会計検査院部長となったが、院内の抗争のため罷免され、実業界に投じた。東京より衆議院議員に当選、愛国生命保険会社社長などを歴任。

長野県長野町（長野県長野市）

従五位勲六等・小野田元凞は、館林藩士藤野逸平の二男として生まれ、同藩士小野田安兵衛の養子となった。旧藩士に説いて新政府の邏卒の応募に同志100人と採用され、明治2年警視庁設置とともに少警部となった。西南戦争では田原坂の戦いに抜刀隊長として活躍、その功により陸軍中尉となった。川路利良大警視に随行し、警察制度確立のためヨーロッパ各国を視察。その後、会計局長、書記局長を歴任。長野県第二部長、同第一部長、兵庫県書記官、同内務部長を経て内務省県治局長を経て、静岡・宮城・香川各県の知事を務め、退官後に貴族院議員に勅選。

長崎県佐世保村（長崎県佐世保市）

従七位・渋谷競多は群馬県士族で、楫取県令時代に御用掛准判任土木課道理係。

東京京橋采女町（東京都中央区）

稲葉秀作は、川越生まれの旧前橋藩士族で、戸長、師範学校教諭などを歴任し、明治11年第三十九国立銀行の創設と共に頭取に就任。同18年県会議員に当選。同20年第三十九国立銀行の東京支店設置のため主管となって出向。同25年利根運河会社社長、台湾銀行勤務などを経て、同35年第四代前橋市長。在任期間は7年7ヶ月。

東京芝田町（東京都港区）

笹尾精憲は、第三十三国立銀行前橋支店長。

東京芝愛宕下町（東京都港区）

児玉春房（不詳）。

東京本郷根津須賀町（東京都文京区）
宮田重固は、愛媛県生まれ。士族。明治4年小松県公議人、集議院・民部省出仕のあと熊谷県権大属となり、一等警部となった。群馬県一等属となり郡制の発足で初代西群馬・片岡郡長となった。明治13年退職し、翌年創刊1月20日創刊の『上毛新聞』（第1次）の社長となった。

東京本郷（東京都文京区）
正八位・小関信國は群馬県士族、楫取県令時代に五等警部、六等警部、警察本署警部、山田郡長、新田郡長を歴任。

東京下谷練塀町（東京都台東区）
大木志ゆん（不詳）。

長野県松本町（長野県松本市）
従七位・五十嵐匡里は群馬県士族で楫取県令時代に警部、佐位・那波郡書記を歴任。

埼玉県児玉町（埼玉県本庄市）
福田宗太郎は、明治28年3代町長、同31年5代町長、同36年郡会議員を歴任。

東京牛込南山伏町（東京都牛込区）
従七位勲八等・宮田信敬は静岡県士族で、楫取県令時代に熊谷県少属（租税）、群馬県七等属、同六等属（地理課山林係）、同五等属（地理課山林係、地租改正係）を歴任。

（3）寄付者（県内）
次に、県内の寄付者は次の通りである。

山田郡
桐生町（桐生市）
佐羽吉右衛門は、織物買継商佐羽家の四世吉右衛門（吉太郎）の長男（延太郎）として生まれた。明治14年叔父五世吉右衛門（吉次郎）の後を受け同家を相続。同20年日本織物株式会社社長に就任。翌年の海外視察の折、フランスから手織機・紋織機を購入し機業家の参考にしたことから、桐生地方で力織機が使用されるようになった。同29年桐生商工業組合長になり、同年10月に渡米したが、11月に佐羽商店が倒産し、東京に移住し同地で死没。佐羽・書上・小野里が桐生三大買継商。

書上文左衛門は埼玉県羽生の藤井儀介の子。上京し中江兆民の仏学塾などで学び、横浜煉瓦会社副支配人から明治23年に桐生の書上家に入婿、11代目文左衛門を襲名。家業の買次商を拡張し、足利・伊勢崎・館林・横浜などに出張所を、中国上海に支店を設け、桐生織物の名声を高めた。県立織物学校・官立桐生高等染織織物学校（群馬大学工学部）の設立、足尾鉄道（わたらせ渓谷鐵道）・東武桐生線の敷設などに尽力。

常見喜太郎は質商。

森宗作は、栃木県足利町の篠崎由兵衛の二男として生まれ、桐生新町の森宗五郎に入婿、宗作を名乗る。第四十一銀行頭取となり、渡良瀬水力発電の創立に尽力した。両毛整織、日本絹撚など会社も経営し、桐生一の富豪と称された。

大澤福太郎は地主、金融業。第四十銀行本店の桐生移転、渡良瀬水力電気株式会社などの設立に尽力。郡会議員を歴任。

従七位・吉見邦直は東京府士族で熊谷県時代から楫取県令に仕える。権中属警視方、四等属四等警部、四等属出納兼兼四等警部、西群馬・片岡郡長、山田郡長などを歴任。のちに県職員録では「群馬県士族」と表記。

加藤正一は織物製造業を営む。佐羽喜六がアメリカから送ったジャカード600口を購入。明治15年黒縮子を製造。織物商標は「蛇の目」

佐羽萬平は質商。明治27年佐羽吉右衛門・松村誠らと桐生電燈合資会社を設立。

斎藤正七郎は屋号「藤屋」呉服太物商を営む。郡会議員を歴任。

田沼米蔵は乾物商を営む。

吉田儀平は白張染色業を営む。

神山傳四郎は着尺織物製造。

神山芳次郎は「芳二郎」とも表記。呉服太物商「山名屋」を営む。

小林勘三郎は織物製造業を営む。

小林利平は染料商を営む。

須藤辨次郎は織物製造業を営む。「須東」と表記。

福田森太郎は織物製造業を営む。「福森」の琥珀。

岩野直次郎は機業を営む。

新井啓一郎（不詳）。

小野里喜左衛門は絹商人。4代目で名は英道。2代目喜左衛門（英信）が絹商人として活躍する一方、生地で水利の乏しい勢多郡奥沢村（桐生市新里町）に第1沼（下沼）を築いた。3代目喜左衛門（英武）は大間々、桐生に出店、第2沼（中沼）を築いた。慶応3年館林藩主秋元礼朝はその功績を称え納戸係に起用。4代目の英道は家業を拡大し東京へ出店するほか、羽二重の輸出化を目指し、明治12年川内村の機業家・桑原佐吉に試織させた羽二重をアメリカに送り、同14年にアメリカより注文を受け羽二重の輸出に成功した。また父祖のあとを継ぎ第3沼（上沼）を築いた。小野里家は3代にわたり奥沢3沼を築いた。

藤掛勝太郎は織物業を営む。明治21年日本織物会社が購入したドイツ式の整理機を模造し、羽二重の整理を始める。

大澤源作は織物製造業を営む。桐生物産同業組合評議員。桐生商工業組合長。

加藤義質は県庁職員。

書上定平は清酒醸造業を営む。

前原傳次郎は織物業を営む。

吉田清蔵は銅鉄商を営む。

大澤久蔵は織物業を営む。

小林與市は織物業を営む。

大澤榮八は織物業を営む。

磯野恒徳は医師（好生堂医院）。

中島彦太郎は織物製造業を営む。

藤井周作は医師（漢方医）。

田村俊造は織物製造業を営む。

小山喜十郎は織物製造業を営む。

阿部佐平（不詳）。

稲垣耕二は郡書記（八等）。

篠窪黎助は山口県士族で、警部補、警部を歴任。「黎弼」。

大間々町（みどり市）

高草木與四衛は天保 2 年生まれ。明治 2 年組合村惣代人、町惣代人を経て同 22 年町会議員、初代町長に就任。大間々銀行創立発起人。大間々銀行初代頭取、大間々銀行は明治 15 年に設立された群馬県初の私立銀行。明治 44 年没。

澤與八郎は慶応元年滋賀県生まれ、大間々町で酒造業を営む澤家「十一屋」の養子となった。足尾町に支店を出し清酒「世界一」の名を広めた。明治 36 年に県会議員になったほか、大間々銀行頭取などを歴任。

長澤小平は大間々銀行株主。明治 22 年町会議員。

須永善十郎は米雑穀・味噌塩商を経営。大間々銀行株主。

野口金太郎は野口製材（材木建具商）を経営。

関口善次郎は糸繭商人で、大間々生産会社取締役、大間々銀行創立発起人。大間々銀行支配人。明治 9 年から大間々町副戸長。木材・漆器を扱う商家となり、明治 23 年から足尾銅山所員の食料や建築用材などを供給。

岡宗一郎は大間々銀行株主。醤油醸造業・塩酢販売「河内屋」を経営。

星野彦太郎は呉服太物商、町惣代、大間々生産会社取締役、大間々銀行創立発起人。明治 22 年に町会議員。

松島四郎治は質商、大間々町ほか一ヶ村連合戸長。「四郎次」とも表記。大間々生産会社取締役、大間々銀行創立発起人。大間々町副戸長、明治 22 年に町会議員。

大澤竹次郎は乾物商を経営。

中島利三郎は米穀商で、明治 20 年創立の大間々蚕糸市場会社発起人で取締役社長。

相生村（桐生市）

津久井英太郎は「榮太郎」と表記。初代村長をつとめた。

関口藤四郎は織物製造業を営む。「東四郎」と表記。

園田喜十郎（不詳）。

下山清次郎は織物製造業を営む。

森田半七は織物製造業を営む。

森田福太郎は弘化 4 年生まれ。森田家の 5 世利右衛門は元禄年間に桐生絹を京都に販売した元祖。地租改正で副戸長、地主惣代を兼任。明治 15 年機業に専念するため一切の公職を辞任。輸出羽二重を製造。甲斐絹の輸出に成功。村会議員、学務委員、桐生織物同業組合代議員などを歴任し、明治 38 年山田郡会議員。大正 13 年没。

藍原角太郎は安政 6 年生まれ、新潟県や長野県の絽の産地を視察して「桐生絽」の品質改良に貢献。明治 13 年学務委員、同 18 年村会議員、同 28 年相生村村長に就任し 18 年間在職、郡会議員、同 29 年桐生商工同業組合（織物組合）長となった。昭和 14 年没。

青木仙次郎は織物製造業を営む。

蛭間才平（不詳）。

川内村（桐生市）

高草木兼太は機業家。天保 3 年生まれ。桐生新町ほか 24 ヵ村小惣代。明治元年岩鼻県設置とともに肝煎り名主。区長を経て明治 22 年川内村初代村長に就任。星野傳七郎らと縮緬機業会社を設立。明治 41 年没。

　粂原佐吉は文久 2 年、山田郡小平（みどり市大間々町）の阿久津広吉の二男として生まれ、織物業を営む粂原家の養子となった。織物をアメリカに輸出するなど家業の拡大を図った。大正 7 年川内村村長。同 9 年県会議員を歴任。昭和 14 年没。

　二渡金平は二渡信経のこと。金平 5 世の祖・太兵衛は紬紗綾の買次商と生糸商を営み、二渡家中興の祖といわれる。父・政右衛門が生糸及び絹買次商を営み、家運隆盛になり、仙台藩主伊達家の江戸邸に出仕。金平（信経）はそのあとを継ぎ、生糸輸出に専心。私財を公共事業に投じ、要害山の自己所有林に貯水池を設け、村民の水利を図る。川内村と大間々町に高津戸橋を架設。黒川春村、橘逸守に師事し、文学や歌道を究めた。

　二渡宇八郎は「卯八郎」とも表記。織物業者（輸出羽二重）。大間々銀行株主。

　星野傳七郎は機業家。父忠平は明治 5 年、皇后より吹上御苑で縮緬及び龍門を製織する下命を蒙る。家業を継ぎ明治 10 年に第 1 回内国勧業博覧会に絽縮緬を出品。翌 11 年明治天皇北陸巡幸に際し、県の命令で織物工場及び職工従業の実況を撮影して天覧、製品がお買い上げになる。同 14 年の第 2 回内国勧業博覧会で進歩二等賞を受賞。発起人として明治 15 年縮緬機業会社を設立。輸出向け縮緬類の製織が目的。賛成者は佐羽吉右衛門、木村半兵衛・岩崎丑蔵・高草木兼太。桐生で最初の法人組織による工場。翌年には業績不振で事業中止に陥ったが、楫取県令の援助などにより同 17 年に岩崎民三郎により同邸内に移転し、桐生縮緬会社となった。資本金は木村半兵衛、佐羽吉右衛門、小野里喜左衛門、岩崎民三郎・満四郎兄弟が出資。石川・福井両県を巡遊し、織物養蚕製糸などの改良を力説し、教師を派遣、器械を調整し、その改良を促し、同地域の産業振興に寄与。能書家で号を琴岳。大正 9 年没。

　中里宗五郎は織物製造業を営む。

　高草木仙次郎は織物製造業を営む。

　清水久五郎は織物製造業を営む。

　星野直吉は織物製造業を営む。二渡金平、橋本弥作らとともに生糸輸出にあたり、東毛生糸商の中核であった。

　園田蔵十郎は機業家。「倉十郎」と表記。森山芳平・星野伝七郎と 3 人で「ジャカード」を購入し、桐生織物の洋式化の先鞭をつけた。

境野村（桐生市）

　新井藤太郎は、嘉永 5 年生まれ。織物製造業を営む。境野村初代村長、郡会議員を歴任。

　田中佐平は織物製造業を営む。

　山崎亀吉は織物製造業を営む。

　新井機一は織物製造業を営む。

　高橋だ以は「ダイ」とも表記。織物製造業を営む。大間々銀行株主。

　茂木正三郎（不詳）。

　石井政平は安政 6 年生まれ。商人石井政兵衛の長男。石井家は代々村名主を務め、政兵衛は生糸総代で、生糸・木綿の買継商を営み横浜に出店。政平も小学校を終えると上京し三菱商学校へ入学、同校が廃校となったため慶應義塾へ転学。商い修業のかたわら東京築地の新栄教会に出入りし受洗。明治 10 年小川義綏を桐生に招いた。これが桐生

最初のキリスト教の伝道。同 11 年桐生教会を創始。

　　関口平吉は明治 9 年第四大区六小区議員。

梅田村（桐生市）

　　中島代次郎は「代治郎」と表記。織物製造業を営む。明治 23 ～ 27 年まで第 2 代村長を務めた。

　　青木熊太郎は嘉永 5 年生まれ、明治 13 年同族の青木倉蔵・保蔵・倉蔵・芳蔵・多三郎・弥三郎ら 6 人と織物会社「成愛社」を組織。青木一族は明治 14 年沢辺琢磨より受洗しハリストス教に入信。成愛社はキリスト教精神に基づいてつくられた織物会社。熊太郎は輸入の「南京繻子」に対抗し「観光繻子」を考案。成愛社は「観光繻子」を大量に生産し輸入を防ごうとしてつくられたもの。「観光繻子」は明治時代の桐生の特産品として女帯地などに使われた。明治 28 年没。

　　青木保蔵は嘉永 4 年桐生今泉の後藤政八の 5 男として生まれる。青木友次郎の女婿となり青木家を嗣ぐ。同家は生糸商であったが、保蔵のとき機業に改める。明治 24 年成愛社結社満期に至り、熊太郎は観光繻子、保蔵は羽二重業に従事。ハリストス教に入信。大正 11 年没。

　　内田儀平治・内田宗平・川島源平（不詳）。

　　森下新三郎は織物製造業を営む。

　　大川新十郎（不詳）。

廣澤村（桐生市）

　　丹羽忠五郎は、明治 23 ～ 25 年まで村長を務めた。

　　藤生佐吉郎は嘉永 4 年桐生町の天満宮社司前原家に生まれ、広沢村（桐生市）の機業家藤生佐吉郎の養嗣子となり、佐吉郎を襲名。明治 10 年に群馬県勧業御雇教師長野三郎に染色術を学ぶ。同年 11 月の第 1 回内国勧業博覧会で花紋賞を受賞。同 20 年の皇居造営に窓掛け調達を森山芳平らとともに命じられた。同 20 年から 21 年にかけて森山らとアメリカからジャカード機を購入、その普及に努めた。大正 4 年没。

福岡村（みどり市）

　　山同藤十郎は嘉永元年、山田郡小平村（みどり市大間々町）に生まれた。生糸商人であったが、明治 12 年縞羽二重の製織に成功。アメリカへの直輸出にも成功し、村の産業となった。同 21 年から福岡村初代村長を 11 年間勤め、同 23 年に県会議員に当選、副議長にも就任した。同 24 年コロンビア世界博覧会県委員、同 25 年には桐生商工組合初代組合長となった。明治 37 年没。

　　山同善作は織物業者（輸出縞羽二重）。

韮川村（太田市）

　　伏島真一郎は嘉永 3 年邑楽郡秋妻村の岩崎家に生まれ、明治 2 年岩鼻県に勤め、同 5 年矢場川村の伏島真七郎の養子となった。矢場川村ほか三ヶ村連合戸長、同 15 年県会議員に当選。初代韮川村長、第 2 代矢場川村長、山田郡会議員などを歴任。大正 5 年没。

　　秋草直右衛門は織物製造業を営む。

　　長山新四郎は安政 3 年山田郡台之郷村の長山茂吉の子として生まれる。茂吉は第 1 回

の県会議員を歴任。新四郎は明治 22 年山田郡梅田村の初代村長に就任。同 29 年山田郡
会議員。同 25 年県会議員に当選、同 33 年から 36 年まで韮川村長も務めた。同 39 年没。
　　中村勘蔵は安政 6 年邑楽郡石打村の小松原藤吉の二男として生まれ中村家の養子と
なった。明治法律学校（明治大学）を卒業し、太田町で弁護士を開業。明治 23 年県会
議員に当選。大正 10 年没。

毛里田村（太田市）

　　板橋新次郎は「信次郎」と表記。毛里田村初代・5 代・8 代・10 代村長を歴任。

黒保根村（桐生市）

　　星野長太郎は弘化 2 年勢多郡水沼村生まれ。藩営前橋製糸所で洋式器械技術を学び、
民間初の器械製糸の水沼製糸所を創業。弟の新井領一郎をアメリカに派遣し、生糸の直
輸出を行う。速水堅曹らと製糸業者の組合結社である精糸原社を前橋に創設し副頭取に
就任。宮崎有敬・星野耕作らと上毛繭糸改良会社を創立し頭取となった。明治 12 年の
第 1 回から県会議員。初代副議長に就任。明治 37 年には衆議院議員に当選。同 41 年没。
　　新井昇作（不詳）。
　　星野七重郎は嘉永 3 年生まれ。星野長太郎の弟。兄の製糸業を援けるかたわら水沼村
ほか四ヶ村戸長などを歴任し、明治 22 年初代黒保根村村長に就任。昭和 8 年没。
　　関口長次郎は質屋を営む。

宮城村（前橋市）

　　奈良原清志は赤城神社（大字三夜沢鎮座）の祠官。同社に楫取は次の漢詩を贈る。「廟
貌千年倚古邱　老杉森鬱護祠頭　懃吾任国尋鴻緒　沿績曾無洽闔州」。

富士見村（前橋市）

　　須田真太郎は弘化 3 年勢多郡小暮村に生まれ、同村須田祐右衛門の養嗣子となった。
祐右衛門は農蚕を業とする名主で家塾を開き、真太郎はそこで国漢書算を修めた。明治
5 年大区小区制により戸長、小暮郵便局を開局し初代局長。同 12 須田又八郎とともに
県会議員に当選。又八郎らと赤城湖氷会社を創設し社長。同 22 年上毛馬車鉄道株式会
社取締役。須田又八郎と県立中学校の小暮村（富士見村）内への誘致を実現。明治 31
年没。
　　樺澤銀平（不詳）。

桂萱村（前橋市）

　　斎藤一車は遠州流の挿花師。名は善兵衛、号を永松斉一車（喜山）。文政 8 年片貝村
生まれ、農業のかたわら挿花に興味をもち、群馬郡萩原村の挿花師・栄松斉一寿の門に
入った。副業で水車業を営み、善兵衛車と呼ばれた。「一車」の号はこれに因む。門弟
は県下一円から東京方面に及んだ。明治 40 年没。

南橘村（前橋市）

　　萩原庫平は明治 19 年群馬県中学校第 5 回卒業。卒業生 7 人の 1 人。

北橘村（渋川市）

　　根井行雅は根井行雄（第三大区長）の二男。嘉永 2 年生まれ。父から和漢学を、前橋藩沼田一斎から医術を、安中藩士根岸松齢と前橋藩士中西弘道から武術兵法を、山岡鉄舟から無刀流を、平田鉄胤と尾高高雅から古史と和歌を学んだ。明治 6 年以降は神職として神道の鼓吹に努めた。医家としても貧民に投薬施療。明治 26 年助役に就任。大正 4 年病没。

東村（みどり市）

　　糸井泉吉は十二小区花輪村戸長。質商を営む。

　　神山雄一郎は天保 14 年生まれ。明治 9 年勢多郡荻原村（東村荻原）に神山製糸所（器械）を設立。翌年製糸結社・精糸原社が創立され、その組の一つである黒川組に参画。同 27 － 29 年まで東村村長。退任後に前橋市に転居し、製糸業を営み、同 34 年本町で糸繭問屋を開業。前橋繭糸同業組合幹事として活躍。

　　石原為次郎（不詳）。

西群馬郡

高崎町（高崎市）

　　吉田庄八は水油商「和泉屋」を営む。日本鉄道株式会社の株主。

　　瀧川喜平は薬種商・洋酒商「大津屋」を営む。日本鉄道株式会社の株主。

　　中島伊平は 2 代目で慶応元年生まれ。初代は文化元年碓氷郡原市から高崎に「福田屋」を移転、生糸生絹商で成功。2 代目は家業を盛り立て、同宅は明治 26 年の明治天皇行幸では行在所となった。日本鉄道株式会社の株主。

　　従七位・伊藤祐之は、京都府士族で楫取県令時代の県職員。等外一等第一課、八等属庶務課、六等属庶務課、五等属調査係を歴任。

　　小島彌平は嘉永 6 年生まれ。先々代が高崎に創業した「鍋屋」を明治 2 年に継ぐ。同 17 年皇居二重橋の設計者・久米民之助から依頼を受け、橋桁・装飾部分を鋳造。同 18 年醤油製造用水圧機国産第一号機づくりに成功。群馬鉄道馬車会社、高崎水力電気会社の創立に尽力。同 40 年から高崎商業会議所会頭連続 6 期。家業は小島鉄工所に成長。昭和 6 年没。

　　橋本清七は明治 19 年茂木惣兵衛・絹川嘉平らと製糸所「旭社」を開設。同社は明治 12 年に伊賀我何人ら旧高崎藩士族が士族授産で設立した製糸所「厚生社」を再出発したもの。旭社は茂木製糸所となった。

　　服部権は群馬県士族。第五大区長や楫取県令時代に西群馬・片岡郡書記などを歴任。

　　山田大衛は群馬県士族で、西群馬・片岡郡役所書記十二等相当。

　　山縣街は山口県士族。従七位で警部（保安課）。

　　兒玉平一は山口県士族で、楫取県令時代に十四等出仕土木課営繕係、七等属土木課営繕係などを歴任。

　　盤井宗成（不詳）。

伊香保町（渋川市）

　　木暮八郎は湯元「楽山館」を営む。明治 6 年戸長、同 38 年から町長。

　　福田與重は旅館「福一楼」を営む。明治 24 年から町長。

岩鼻村（高崎市）

　　近藤清は新潟県出身で、熊谷県時代から楫取県令に仕える。権少属囚獄懲役場掛、七等属七等警部、六等属六等警部兼岩鼻監獄本署を経て岩鼻監獄典獄。『松陰先生にゆかり深き婦人』によると、楫取素彦・寿子夫妻が囚人教育を行ったのを小野島行薫とともに尽力。近藤が、監獄らしい設備もない無住の寺院などを借りて100人以上の囚人を竹矢来くらいの囲いの中で作業させても、1人の逃げる者もなかったというほどに教化が行き届いたという。近藤は囚人と寝起きや食事を共にし、さながら同胞のように導き、女性の囚人には手わざの片手間にうたう七五調の「領解文さとし草」などを教えて、作業や談笑の間にも善い因縁に生まれて来たことを思うように教え、後には男性の囚人にも及ぼし「因果のかがみ」という小冊子などを与えたので、出獄してからも、人に勧めるからといってその印刷した歌を分けてくれるよう申し出る囚人もあったという。県職員録では年代により「愛知県士族」「群馬県士族」と明記されている。

　　桂川春水（不詳）。

明治村（北群馬郡吉岡町）

　　森田一作は天保13年西群馬郡上野田村（吉岡町）に生まれる。元治元年23歳で名主。地租改正惣代人となり、明治13年村会議員、同15年県会議員となり3期務めた。郡会議員となり議長に就任。家は養蚕農家で県蚕糸業組合から推され議員となり蚕糸業の改良発展に尽力。楫取県令から森田に贈った「上州の蚕婦を称えた漢詩」がある。雅号を常山、書を究め和歌を嗜んだ。明治40年没。

箕輪村（高崎市）

　　石田有道は静岡県士族で、十等警部、九等警部、岩鼻監獄書記兼看守長などを歴任。

堤ヶ岡村（高崎市）

　　志村彪三は弘化3年西群馬郡棟高村（高崎市）に生まれた。北第二大区長などを歴任し、明治12年県会議員に当選し3期在任。同22年堤ヶ岡村初代村長に就任。棟高小学校、堤ヶ岡小学校の各校長を歴任。同12年天狗岩堰水下72ヶ村の紛争や同14年の榛名山麓大野秣場騒動の解決に尽力。能書家で如水と号し俳句を嗜んだ。大正9年没。

清里村（前橋市）

　　木暮善次は弘化元年西群馬郡野良犬村（前橋市）に生まれ、幼少より川越藩士石関黒山に漢籍と書を学ぶ。文久3年から名主、明治期に入って戸長、連合戸長となり、明治13年県会議員に当選。同24年に第4代清野村村長に就任。郡会議員も歴任。明治31年没。

京ケ島村（高崎市）

　　反町覚彌は安政元年西群馬郡京目村生まれ。「覺哉」。明治12年京目村ほか7ヶ村戸長、翌年県会議員に当選。蚕糸改良に努め、宏原社という製糸所を開設。共立製糸会社の設立、転操機械場の設置、生糸改良商社の設立、上毛繭糸改良会社の創設などに尽力。明治27年没。

白郷井村（渋川市）

宮下孫兵衛は慶応4年白井村名主。

後藤真一郎は明治5年副区長、同16年上白井村戸長、同22年初代村長、村会議員などを歴任。

佐位郡

伊勢崎町（伊勢崎市）

織物業組合は粗製乱造防止を目的に明治13年元機屋が中心となって太織会社を設立したのが始まり。同19年伊勢崎織物業組合に改組された。

従七位・大野和信は静岡県士族。楫取県令時代の県職員。七等属庶務課、六等属衛生課、佐位・那波郡長を歴任。

膳浅次郎は薬舗。明治22年から34年まで伊勢崎町会議員、明治31年12月から36年1月まで伊勢崎織物同業組合会議員を歴任。

星野源八郎（不詳）。

星野太平は伊勢崎製糸組合代表。

武孫平は伊勢崎町戸長、初代町長などを歴任。武孫運送店を経営。

下山求平は嘉永元年武蔵国新戒村（深谷市）生まれ。明治3年伊勢崎町新町の下山家に入籍。同5年副戸長になり、町会議員、郡会議員を経て、同29年県会議員に当選。家業は屋号「なべや」で呉服太物卸売・伊勢崎縞買継商で、伊勢崎織物商工組合長、同業組合長や生糸検査所副頭取、伊勢崎銀行などの取締役を歴任。大正9年没。

町田傳七郎は醤油醸造業を営む。大正15年2月に隠居して傳七郎改め傳七。

相川次郎平は醤油店・金物店を営む。

羽尾勘七は呉服太物商「羽尾勘七商店」（国産伊勢崎織物買継部、呉服太物小売部、和洋染料販売部）、屋号は「竹屋」。伊勢崎銀行取締役。伊勢崎倉庫株式会社取締役。

中澤豊七は肥料商を営む。

野田茂介（不詳）。

若村源左衛門は砂糖紙商を営む。

新井房五郎は菓子製造業を営む。

吉永新太郎は醤油味噌製造営業・陶器類販売商を営む。

大竹勝二郎は「勝次郎」とも表記。生糸商で横浜に出店し生糸貿易商として活躍。墓碑の篆額は楫取素彦が揮毫。

町田多十郎（不詳）。

久保田兵平は屋号「銭屋」砂糖紙荒物下り醤油煙草卸小売を営む。

小暮守三郎（不詳）。

川端庄三郎は屋号「川木屋」、書籍紙商を営む。

細野右左二は郡書記（八等）。

棒箸半次郎は伊勢崎織物同業組合の下城弥一郎、森村熊蔵碑、記功碑除幕式の庶務会計係を務めた。

板垣清平は屋号「叶」、絹糸紡績糸販売を営む。

殖蓮村（伊勢崎市）

下城彌一郎は嘉永6年佐位郡下植木村（伊勢崎市）に生まれる。家業は織物業で、明治14年織物改善のため私財を抵当に県から資金を借り、太織会社を設立し、のちに伊勢崎織物同業組合に発展し組合長を務めた。伊勢崎銘仙の振興に努め、上毛撚糸会社を設立し玉撚糸の改良を企てた。同27年県会議員に当選し、同32年議長。明治38年没。

境町（伊勢崎市）

　　　永井貞二は嘉永2年境町に生まれる。永井家は毛利氏の一族で上野八氏の一つ。大地主で荒物商などを営んだ。初代郵便局長で、明治15年県会議員に当選。漢学の造詣が深く能書家で、晩年は下渕名の式内社大国神社の神官となった。明治29年没。

邑楽郡

館林町（館林市）

　　　第四十國立銀行役員・南條新六郎は嘉永元年館林藩士岡谷瑳磨介の3子として生まれ、同藩士南條源太左衛門の養子となる。明治4年殖産興業に専念し、まず養蚕伝習所を、同11年第四十国立銀行を創設。同14年頭取。同18年県会議員に当選。同26年東京深川にわが国初の洋式製粉機をもつ東京製粉会社を設立。のち日本製粉株式会社と改称し社長。同28年館林貯蓄銀行を新設し頭取、同31年群馬農工銀行が創立すると初代頭取になった。大正9年没。

　　　第四十国立銀行役員・笠原圓蔵は館林藩家老職の家に生まれた。第四十国立銀行は楫取県令のよびかけで士族授産として旧館林藩士族のみを株主として明治11年、資本金15万円で発足。初代頭取根岸鉄次郎、重役に南條新六郎・笠原圓蔵・矢部英蔵。翌12年桐生支店を開業。

　　　第四十国立銀行役員・矢部英蔵は館林藩士族。取締役。

　　　従七位・八木始は群馬県士族で、八木家は代々、松平大和守家に仕え、俸禄は150石で、始の父・俵司は勘定奉行。慶応2年から3年の前橋城改築に際しては普請奉行を務めた。始は政府軍と会津藩との戦いでは、法師温泉で会津側の隊長を6連発のピストルで討ち取る武勇談を残した。明治5年学制が発布されると勝山宗三郎とともに群馬県初の学区取締役に任命され、第一番小学廠橋学校の創設に尽力。翌年勧業掛兼務となり、同12年郡区町村制により南勢多郡ができると書記になった。萩原朔太郎の両親となる萩原密蔵と八木ケイの結婚当時、始は師範学校副校長で、県衛生課兼務であった。つまり、密蔵は上司の娘と結婚したということになる。始は県立中学校書記、東群馬・南勢多郡郡長を歴任し、同23年には邑楽郡長に転じ館林町に在住した。朔太郎の家族では父も外祖父も楫取県令の部下。楫取県令が県庁を高崎から前橋へ移転する条件として①師範学校舎の建設②医学校舎の建設③職員官舎の建設などを挙げたが、朔太郎の父・密蔵は医学校付属病院としてできた県立病院の医師として前橋にやって来て、職員官舎の払い下げを受けて開業医となった。また外祖父・始は師範学校の副校長を歴任。前橋における萩原家の誕生は楫取県令と密接な関係をもっている。

　　　従八位・村山具瞻は群馬県士族で、楫取県令時代の明治17年に邑楽郡長に就任。

　　　高橋濟は天保5年山形藩主秋元家の家臣高橋瀬左衛門重孝の養子杉山魁の子として生まれる。館林藩校で学んだ後、江戸で安積艮齊らに学び館林藩校の教官となった。明治6年栃木県師範学校を卒業し、館林学校西舎少教頭となった。同舎は翌年に東西校に分裂。東校は士族の子弟、西校は商家の子弟がそれぞれ入学して対立したのを、合併の利

を説き、同 15 年に合併し館林小学校と称し、その首座として管理。号は蘭舟。字は巨川。明治 34 年没。

　　髙木坦治は静岡県士族。熊谷県時代から楫取県令に仕える。史生、八等警部などを歴任。

　　坂本恒次郎は第六十番小学佐貫学舎で少授業などを歴任。

佐貫村（邑楽郡明和町）

　　神谷嘉平は嘉永 3 年生まれ、家は代々名主。父磯次郎は戸長、区長を歴任し明治 11 年新田郡長に抜擢。嘉平は儒者村山茶庵に学ぶ。明治 10 年内務省で利根川改修工事開始のため沿岸府県から治水学研究のため 2 人の県費生を派遣するにあたり、群馬県から選ばれ研究生となり、千葉県関宿土木局出張所で実測学や利根川改修工事の施行方法を研究。同 12 年群馬県等外出仕、技手となり利根川・渡良瀬川改修工事主任に就任。同 20 年県会土木費説明委員、同 24 年内務省に採用され第一区土木監督署に勤務。同 38 年土地収用事務長。同 40 年正七位、同 41 年勲七等。大正 2 年没。

　　野本五郎次は副戸長、戸長、連合戸長などを歴任し明治 22 年初代村長に就任。

碓氷郡
安中町（安中市）

　　櫻井小太郎は群馬県士族。警部などを経て、利根郡長、多胡郡長などを歴任。

　　根岸松齢は天保 4 年安中藩剣道師範修保の長男として生まれる。幼名を忠蔵。藩校に学び、井上文雄に和歌を学び松齢と号した。16 歳で千葉周作の高弟海保帆平の門に入り、剣道に専心。海保塾塾頭となり、25 歳で安中藩剣道師範となった。佐久間象山、藤田東湖、会沢正志齋らとの親交を結ぶ。明治 17・18 年県会議員に当選。晩年は新島襄の大学設立計画に賛意を表した。明治 20 年没。

　　小林竹七郎は天保 13 年碓氷郡安中駅に生まれる。板倉藩譜代の家臣で馬術指南。廃藩置県後、安中県貫属となり同 3 年権少属。同 12 年安中駅戸長、同 16 年町会議長、同 17 年県会議員に当選し、同 22 年初代安中町長に選ばれた。士族授産で金融会社五明社を創設、のち碓氷銀行頭取に就任。帰農後は養蚕を旧士族に指導。昭和 5 年没。

　　室橋信好は安政 3 年碓氷郡安中駅に生まれる。藩校造士館、暢発学校を卒業し明治 7 年教師となった。同 15 年安中小学校初代校長となり、28 年 8 ヶ月同職を務めた。昭和 3 年没。

　　岸田恭譲は群馬県士族で、警部補前橋警察署、警部原町警察署などに勤務。

　　津田澄は群馬県士族で、碓氷郡役所書記十六等相当。

　　金井賀茂は郡書記（九等）。

　　山田立超は御用掛准判任で兵事課などに勤務。

八幡村（高崎市）

　　沼賀誠三郎は村会議員などを歴任。

磯部村（安中市）

　　堀口謙齊は医師。磯部鉱泉の効果を実験し高く評価。これを大手萬平が熊谷県へ上申。県衛生局長大久保適斎が派遣され良質な鉱泉と認め、小山健三技師に分析を委嘱。浴用

だけでなく飲用に効果があると判明。

大手萬平は天保元年甘楽郡吉田村松浦家に生まれ、妙義村佐藤家に婿入り。安政3年領民を代表し江戸に直訴。寛永寺の輪王寺宮から恩賞を与えられ釈放。下仁田の櫻井家を経て大手家へ婿入り。磯部駅（信越線）を誘致し、東京へ鉱泉を輸送して2ヶ所の公衆浴場を経営。名産磯部せんべいを創案。磯部温泉開発に尽力。『前橋繁昌記』（明治24年）には前橋の北曲輪町に磯部温泉を輸送し「磯部鉱泉」という温浴場があったことが記されている。これも大手萬平の手によるものかもしれない。これが、楫取県令が寿夫人のために磯部温泉に別荘をもつきっかけになったと推測することもできる。大正8年没。

城田代吉は天保11年碓氷郡上磯部村（安中市）に生まれる。代々名主の家柄であった。明治5年上磯部村副戸長、同12年県会議員に当選。同25年磯部町第2代町長。鉱泉旅館「山城軒」を経営するかたわら同12年から碓氷社取締役副社長として養蚕製糸の改良振興に尽力。人見堰の開削など地域の発展に貢献。明治38年没。

夏目信方は埼玉県出身、熊谷県時代から楫取県令に仕える。少属租税掛、六等属租税課国税係、租税課常務係などを歴任。

飯沼剛明は千葉県出身、熊谷県時代から楫取県令に仕える。権中属雑税掛、六等属税課地方税係、五等属租税課地方税係、四等属租税課地方税係、四等属会計課などを歴任。

林益造は鉱泉旅館「對岳楼」を経営。

原市町（安中市）

仁井喜信（不詳）。

東横野町（安中市）

萩原國太郎は弘化2年碓氷郡鷺宮村に生まれる。村会議員を経て明治12年県会議員に当選。郡会議員も歴任。養蚕農家で、碓氷社鷺宮東組組長。大正9年没。

松井田町（安中市）

髙木幹は碓氷郡役所書記十六等相当。

新田郡
尾島町（太田市）

白石庫之助は「庫之輔」と表記。嘉永2年生まれ、連合戸長などを歴任し、明治22年尾島町初代町長に就任。

太田町（太田市）

正八位・**髙山幸男**は警部、新田郡長を歴任。

渋澤直次郎は明治22年初代町長に就任。

田中藤左衛門は屋号「十一屋」醤油味噌醸造・食塩肥料販売を営む。

大塚久右衛門は、文久元年生まれ。米穀肥料商。大地主。多額納税者。新田銀行取締役。

本島自柳は天保11年生まれ、幼名は栄之助、襲名して自柳。昌平黌に学び、長崎・熊本に遊学。熊本で藩医について医学を修めた。名医として知られたが、慶応3年同志と尊王の軍を起こそうとして捕らえられ投獄。会津藩との戦いでは官軍に参加、その功により新政府から表彰。明治13年太田町会議員になり、同25年に県会議員に当選、副

議長となった。大正 13 年没。

小林平三郎は屋号「林屋」紙煙草文房具商を営む。

田中巌郎は群馬県士族で新田郡書記（判任官八等）。

綿打村（太田市）

荒牧孫三郎は弘化 4 年生まれ。明治学舎で学び、明治 6 年新田神社創建に尽力し宮司も務めた。同 16 年大根村ほか九ヶ村連合戸長、同 22 年綿打村初代村長となり 5 期 20 年務めた。学務委員、村会議員、県会議員を歴任。大正 7 年没。

薮塚本町（太田市）

伏島忠五郎は明治 20 年薮塚尋常小学校内に新田高等小学校分校設立に尽力。

伏島勘之助（不詳）。

伏島作蔵は伏島近蔵の長男。明治 8 年伏島近蔵は作蔵名で今井弥蔵とともに栃木県令に浴場許可願を提出し二軒で経営に乗り出し、薮塚温泉を復興。父・伏島近蔵は慶応元年横浜に出て蚕種の売買に乗り出し成功を収めた。同 11 年に第七十四国立銀行頭取。同 13 年イタリアへ蚕種の直輸出。横浜の地主派の代表格。作蔵は薮塚本町第 4 代町長（明治 35-39 年）。

福田清平は薮塚村惣代、明治 25 年勧業委員、同 34 年から町会議員に当選するも同 36 年死去。

椎名文太郎は製糸商を営む。天保 4 年生まれ。連合村会議員、薮塚本町町会議員などを歴任し、明治 23 年第 2 代町長に就任。

鳥之郷村（太田市）

大島伊平は新田郡役所書記十六等相当。明治 38 年村長に就任。

武藤道齊は天保 7 年新田郡鳥山村（太田市）の医家に生まれる。私塾で医学（漢方）を習得。寺子屋を経営。明治 6 年から 11 年まで学区取締役。新田郡役所書記を経て同 12 年県会議員となり 2 期務め、村会議員、郡会議員も歴任し、同 22 年鳥之郷村初代村長となった。医師としてコレラ流行時には防疫の先頭に立った。明治 40 年没。

九合村（太田市）

飯田和五郎は明治 22 年村会議員に当選。同 23 年村長に就任。

澤野村（太田市）

碓氷慶作は安政元年新田郡岩瀬川村に生まれる。小学校教員から新田郡役所書記に抜擢され、明治 22 年澤野村初代村長となった。同 27 年に県会議員に当選。大正 11 年没。

世良田村（太田市）

栗原大三郎は嘉永 5 年生まれ、世良田随一の資産家といわれた。三ッ木村ほか八ヶ村連合戸長、明治 22 年初代村長に就任。9 代村長も務めた。

木崎町（太田市）

蓮沼吉衛は明治 20 年木崎宿五か村連合戸長、同 22 年初代町長に就任。

笠懸村（みどり市）
　藤生高十郎は安政 5 年新田郡阿左美村に生まれる。祖先は新田家の家老藤生紀伊守といい、高十郎で 15 代になり、家は代々名主。明治 22 年笠懸村初代村長。郡会議員を経て同 25 年県会議員に当選。書家で近隣の子弟に教えた。同 30 年学習院教授となり初等科の習字を受け持った。初代県会議長宮崎有敬の記念碑は楫取素彦が撰文、藤生高十郎が書を担当。漢詩をよくし「紫城」と号し、仏典も研究し明治 40 年東京浅草の本願寺で開かれた大日本仏教徒大会で講師を務めた。大正 3 年没。

強戸村（太田市）
　岡部駒次郎は安政 5 年生まれ。明治 15 年連合村村会議員、同 22 年強戸村初代村長となり 43 年まで務めた。同 29 年新田郡会議員も歴任し、同 30 年県会議員に当選。昭和 12 年没。

宝泉村（太田市）
　塚越禎三郎は弘化 4 年生まれ。戸長などを歴任し明治 22 年初代村長に就任。同 27 年没。

生品村（太田市）
　丸山慎八郎は天保 9 年生まれ、明治 22 年生品村会議員に当選、初代助役に就任。同 29 年郡会議員。同 21 年生品村青年会の「廃娼建議書」に署名。
　根岸彦六は天保 13 年生まれ。同 21 年生品村青年会の「廃娼建議書」に署名。
　川島徳次郎は明治 12 年村田村・市野井村・反町村連合村議員、同 22 年生品村会議員。同 25 年第 3 代村長。
　塚越六平は明治 22 年生品村会議員。同 27 年第 4 代村長。
　鈴木文太郎は明治元年生まれ。同 21 年生品村青年会の「廃娼建議書」に署名。

緑埜郡
美土里村（藤岡市）
　瀧上半平は緑埜・多胡郡役所書記十四等相当。
　小林五郎平は天保 12 年緑埜郡中大塚村生まれ。幼名を伝三郎、襲名五郎平重懿。慶応 2 年から名主、戸長・地租改正惣代などを歴任し、明治 12 年県会議員に当選。美土里村村会議員を経て同 36 年から美土里村長を 7 年間務めた。緑野精糸社代表。大正 12 年没。
　折茂林平は戸長、上大塚村組頭、蚕種取締役、副区長、保護役などを歴任。
　堀越武十郎は天保 9 年生まれ。本動堂ほか三ヶ村連合戸長などを歴任し、明治 22 年初代村長に就任。大正 14 年没。

藤岡町（藤岡市）
　正八位・甲斐信夫は石川県士族で、熊谷県時代から楫取県令に仕えた。十五等出仕戸籍係、八等属戸籍社寺係、七等属戸籍社寺係、六等属戸籍社寺係、五等属戸籍係長など

を歴任し、緑埜郡長。県職員録には敦賀県士族（福井県士族）の表記もある。

廣瀬志賀（不詳）。

佐々木保之は県税収局員などを歴任。

吉田菊次郎（不詳）。

宮城助七は楫取県令時代に仕える。等外一等囚獄懲役場掛、十五等出仕囚獄懲役掛、九等属九等警部、八等属八等警部岩鼻監獄懲役掛、岩鼻監獄書記兼看守長などを歴任、明治9年退職。西蓮寺の隣で瓦製造業を営む。

草香唯道は西蓮寺住職。「艸香」が正しい。小野島行薫が埼玉・群馬両県（熊谷県）で浄土真宗の布教を続けると、本願寺から新たに派遣されたのが艸香唯道。艸香も長州人。明治10年に藤岡と新町に説教所が新設。藤岡説教所は岩鼻監獄の囚人が建設。同13年藤岡説教所は西蓮寺となった。西蓮寺には楫取夫人の寿の写真や艸香と楫取の長男・希家、二男・道明が並んだ写真が残っていることから、艸香と楫取一家が特別に親しかったことがわかる。艸香は本山の許可を得て同31年から富岡製糸場（所）で工女の教誨にも従事。

美九里村（藤岡市）
<small>みくりむら</small>

田島金七は天保3年緑野郡神田村生まれ。家は名主を務め酒造業を営む。酒銘柄「竹に雀」。明治15年県会議員に当選。明治27年没。

須藤七郎は戸長、村長代理などを歴任し明治27年から第2代村長。

町田菊次郎は嘉永3年緑野郡本郷村生まれ。高山長五郎について養蚕を研究。明治18年養蚕改良高山組が高山社に改組され副社長に就任。翌年長五郎の死後に社長となった。同34年私立甲種高山社蚕業学校を藤岡町（藤岡市）に設立し校長となった。農商務省蚕糸業諮問委員、大日本農会農芸委員、内国博覧会審査官などを歴任。大正6年没。

平井村（藤岡市）

高山隆平は副区長、戸長、明治6年開校の東平井学校保護役。

粂胎一郎は明治29年から郡会議員。「久米胎」と表記。同37年から第3代村長。

富田又平は天保13年生まれ。明治7年緑埜村戸長、同13年連合戸長などを歴任し同22年初代村長に就任。同36年郡会議員。大正13年没。

新町（高崎市）

大久保適齊は天保11年江戸小石川幕臣星野家に生まれる。昌平坂学問所を経て、医学を塩原春齊に学んだ。旗本斎藤誠司の婿となり徒士目付。文久3年、西南諸藩の動静を探るため京阪地方に派遣された。大阪滞在中に木戸孝允らと交じり征長戦争に反対の考えを持つようになった。大阪滞在中に華岡修平、緒方拙齊などに医学を学んだ。明治2年東京大病院兼医学校に入学、その後、ドクトル・ヤンハンスについて解剖の実地研究をした。小菅県立病院副院長、印籏病院長を歴任し、明治6年熊谷県大属となり、同10年群馬県衛生所に医学校が付設され、同12年1月群馬県医学校として独立したとき医学校兼病院長として迎えられた。同年県監獄医長。同19年に退官し、多野郡新町で開業。かたわら盲人に鍼の施術を教えた。明治25年『鍼治新書』（3巻）を刊行、貴族院議員となっていた楫取素彦が序文を寄せた。明治44年没。

八幡村（高崎市）

増尾徳八郎は副戸長などを歴任。

高井信重は神官。

鬼石町（藤岡市）

真下光治は明治22年初代町長に就任。

小野村（藤岡市）

山口正太郎は、緑野郡中栗須村（藤岡市）に生まれ、緑野会社を創設し養蚕改良を図った。明治20年藤岡町に養蚕改良「順気社」を創設し社長に就任。同社は佐々木長淳の養蚕法に即し、養蚕方法を錬磨するとともに各地に伝え富国のもとを養うことが目的。

三波川村（藤岡市）

飯塚志賀は安政6年生まれ。家は「三波川の殿様」と言われた旧家。明治15年群馬県小学六等訓導、同22年村会議員を経て村長となり35年間務めた。同27年に県会議員となり6回連続当選。大正4年17代県会議長。日露戦争戦勝記念に杉と桜を各1,000本植樹、桜が「三波川の冬桜（寒桜）」となった。美髭から「三波川将軍」の愛称。大正12年没。

利根郡

沼田町（沼田市）

従七位・松井強哉は群馬県士族で、八等属学務課、山田郡長を経て利根郡長。

青木吉右衛門は太物商を営む。町会議員。

粂原三之助は万延元年生まれ。薬舗酒造業を営む。沼田町最初の消防組頭、明治40年に県会議員に当選。大正9年没。

森川勘平は沼田町戸長、町会議員を歴任。明治21年沼田銀行設立発起人。

中島藤兵衛は呉服太物商「中島屋」を営む。町会議員、明治21年沼田銀行設立発起人。

勅使河原吉太郎は足袋商を営む。

吉川恭治は「泰治」。青森県士族。准十四等。連合戸長などを歴任。

利南村（沼田市）

松永権右衛門は天保8年生まれ。5代目権右衛門、名主、戸長を経て明治16年県会議員に当選し、翌年学務委員。明治34年没。

星野宗七は天保9年生まれ。家は代々沼田藩の用達を務め、藩から士分に準ずる待遇を受けた。明治元年横浜に生糸貿易商の店を開き、同17年に郷里の戸鹿野村（沼田市）に器械製糸工場を開業。同20年キリスト教徒となった。明治34年没。長男・銀治は銀行家・県会議員、二男・光多は牧師、三男又吉はアメリカへ留学し東洋ホーリーネ教会牧師、あいは津田塾学長となった。

古馬牧村（利根郡みなかみ町）

真庭澳之助は嘉永3年生まれ。家は利根郡真庭村の名主。群馬県師範学校卒業。明治

12 年真庭村の龍淵小学校の校長となった。同 16 年戸長、学務委員、翌 17 年県会議員に当選し 3 期。同 23 年古馬牧村長。大正 2 年没。

真庭治兵衛は戸長などを歴任し明治 22 年初代村長に就任。

阿部平造は上牧村ほか三ヶ村連合戸長。「平蔵」。明治 26 年助役に就任。

桃野村（利根郡みなかみ町）

高橋太郎平は明治 22 年初代村長に就任。

内海彌平治は天保 2 年生まれ。名主、戸長を歴任し、明治 8 年利根郡の地租改正総代人。同 11 年利根北勢多郡役所書記、同 12 年県会議員となり 2 期務めた。明治 18 年呉桃小学校設立を主張し、自ら伐採中に脳溢血で倒れ死去。楫取県令とは肝胆相照らす仲であったので、家族が「彌平治」名で寄付をしたものであろう。

後閑隆之助は学務委員、月夜野駅伝取締役。

湯ノ原村（利根郡みなかみ町）

笛木國太郎は新巻村ほか二ヶ村連合戸長、明治 22 年初代村長に就任。

池田村（沼田市）

赤井節之助は明治 22 年から村会議員を歴任。

那波郡
玉村町（佐波郡玉村町）

島田重作は安政 4 年生まれ。父は呉服商を営む。学務委員、玉村町会議員を経て、明治 21 年県会議員、同 31 年玉村町長となった。同 32 年玉村銀行頭取。藤岡の順気社（養蚕学校）の社長山口庄太郎とは義兄弟。明治 34 年下村善右衛門邸において脳溢血で倒れ死去。妹せんが下村善右衛門に嫁ぐ。

名和村（伊勢崎市）

高橋敏太郎は明治 36 年 3 月から 39 年 1 月まで名和村長を務めた。

大和信一郎・大久保秀之助・高橋主一郎（不詳）。

西村右東は明治 24 年 3 月から 28 年 3 月まで名和村長、29 年 7 月から 32 年 7 月まで佐波郡会議員を歴任。

吾妻郡
中（之）篠町（吾妻郡中之条町）

従七位・鳥山無可は群馬県士族で、北甘楽郡長を経て吾妻郡長。

町田重平は吾妻郡役所書記十二等相当。中之条生産会社発起人の 1 人。

町田儀平は中之条町ほか四ヶ村連合戸長を歴任。油紙穀類商を営む。中之条生産会社を設立。

粂原竹次郎は「竹二郎」とも表記。万延元年中之条に生まれる。明治 19 年 3 月町会議員、4 月に町長に就任し同 32 年まで務める。同 36 年県会議員に当選。昭和 5 年没。

伊能八平は中之条生産会社発起人の 1 人。町会議員を歴任。

田村喜八は慶応元年生まれ。家は旅館「鍋屋」を経営。明治 16 年中之条生産会社に入り、

45

改組して吾妻銀行となると支配人になった。中之条町の名誉助役、収入役などを歴任し、同36年町長。大正6年県会議員、郡会議員、郡会議長などを歴任。昭和39年没。

根岸善作は穀類商「十一屋」を営む。明治22年初代町長に就任。

原町（吾妻郡東吾妻町）

原澤五平は旅館「原澤楼」を経営。明治17年原町小学校校舎新築に尽力。

北甘楽郡

富岡町（北甘楽郡冨岡町）

従七位・利根川孫六は嘉永4年生まれ。家は藩主秋元家に仕え、館林城内に生まれる。慶応2年中小姓、ついで砲士となり軍馬隊に編入。18歳で戊辰戦争に出陣。明治3年民事掛権少属、同6年館林副戸長、十四等出仕なり同14年新田郡長心得になったのを皮切りに、北勢多郡・北甘楽郡・山田郡・群馬郡の郡長を歴任。同35年部下の汚職事件で引責、同39年佐波郡長に復職し山田郡長に転じ、大正2年辞職した。県内郡長を30年近く務めた。寄付の時には北甘楽郡長で富岡町に在住。昭和14年没。

製糸會社七日市組は七日市藩の士族授産として明治13年社長を保坂正義（旧藩家老）とし士族ほとんどの106人で改良座繰を開始。同26年解散。

韮塚直次郎は埼玉県大里郡明戸村生まれ。官営富岡製糸場創設とともに尾高惇忠・渋沢栄一の推薦で製糸場建設に従事。明治9年には富岡製糸場に倣い36人繰の器械製糸を設立。馬車鉄道経営に古澤小三郎・黛治邦らと協力。

畑時行は七日市藩医。また製糸会社七日市組の組合員。斎藤壽雄とともに明治12年「一宮町妙義町娼妓黴毒検査医」を命じられた。

古澤小三郎は天保12年生まれ。家業は蚕種製造業。明治5年官営富岡製糸場の創設に尽力。同年富岡町の初代郵便局長となり、翌年戸長、同22年富岡町初代町長となった。鏑川蚕種製造組合副頭取、甘楽社初代社長などを歴任。大正10年没。

一ノ宮町（北甘楽郡冨岡町）

鈴木城作は嘉永4年北甘楽郡宮崎村生まれ。村会議員から明治21年に県会議員に当選。郡会議員、郡会議長を歴任。養蚕の秋蚕の先駆者。甘楽社4代社長。多額納税者として知られ、上野鉄道株式会社（上信電鉄）の経営に貢献。梅林を経営し、宮崎村の名所（富岡市立宮崎公園）とした。大正5年没。

富永兵太郎は、嘉永5年に勢多郡水沼村（桐生市黒保根町）の星野七郎右衛門の五男として生まれる。明治3年富永兵右衛門の養子。座繰製糸の揚返し場である「宮崎組」（のち甘楽社に）を創設し組長。明治17年県会議員に当選。絹問屋も営み、京都に支店を持った。大正13年没。

岩平村（高崎市）

矢島源松は嘉永元年生まれ。家は代々名主。明治元年下奥平村名主、戸長、下奥平村会議員、下奥平ほか二ヶ村連合会議員などを歴任し、明治22年岩平村会議員、助役兼収入役に就任。同25年村長、同36年北甘楽郡会議員。同42年から昭和2年まで村長。昭和2年没。

南甘楽郡

上野村（多野郡上野村）

茂木喜作は字新羽で通運所を経営。

浅香教多は楢原駅伝組合新羽陸運受負所を経営。

黒澤萬吉は文久元年生まれ。学務委員、衛生委員などを歴任し明治30年に上野村村長となり、18年間在職した。昭和3年没。

黒澤勘次（不詳）。

中里村（多野郡神流町）

土屋平内は嘉永5年南甘楽郡尾附村生まれ。明治19年県会議員に当選。同24年から中里村村長を6年間務めた。村内有志と平原に水力利用の生糸揚返し場を創設。明治31年没。

神川村（多野郡神流町）

新井春吉は嘉永5年南甘楽郡生利村生まれ。昌平黌で漢学を学ぶ。戸長、学務委員を歴任し、明治22年に村会議員、初代神川村長となった。同18年県会議員になり3期。座繰製糸工場を設立し生利生糸組合長となった。「良祐」と号し漢学・和歌を嗜んだ。昭和5年没。

多胡郡

日野村（藤岡市）

小此木重太郎は戸長などを歴任し、明治22年初代村長に就任。

小此木甚三郎は名主、惣代、郡役所書記、日野学校保護役、収入役、村長などを歴任。甘楽社取締役。

入野村（高崎市）

三木長太郎は天保4年生まれ。家は代々名主。明治2年岩鼻県から肝煎名主、副戸長、副区長、地租改正模範組合惣代心得などを歴任し、同12年小串村ほか四ヶ村連合戸長。明治22年初代、同27年3代村長に就任。黒熊小学校設立などに私財を投じた。明治44年没。

新井新吾は副区長、馬庭村戸長などを歴任。

三木出茂（不詳）。

吉井町（高崎市）

小林省吾は弘化元年生まれ。吉井藩士。慶応4年藩主の命により権田村に居住していた小栗上野介忠順主従を捕縛。妻が妊娠中と知り草刈り籠に潜ませ会津藩に逃がした。吉井藩教授。明治5年学制頒布とともに町村を回り小学校の設立に努めた。明治14年藍綬褒章。同37年没。

臼田束は天保5年生まれ。吉井藩の藩校で漢学を修め、江戸で安井息軒に学ぶ。吉井藩が農兵を設けたとき、オランダ式の訓練を指導。自由党に所属し、国会開設請願運動に参加。明治17年吉井町連合戸長、同22年吉井町初代町長となった。同25年県会議

員に当選し2期。同30年与志井銀行を創立し頭取に就任。明治39年没。

東群馬郡
上川渕村（前橋市）
　　前橋紡績會社。絹糸紡績業というのは、生糸屑物、屑繭を原料として絹紡糸を生産する産業。江戸時代には生糸屑物・屑繭は、つむぎ織りの原料や真綿として活用されたが、幕末開港以後は生糸と共に、絹糸紡績がヨーロッパ向けの輸出品となった。その先駆は、明治10年に新町（高崎市）で開業した官営屑糸紡績所（新町紡績所）。次いで明治10年代の半ばに旧前橋藩士の渡辺太郎・芝崎喩・高橋精四郎・深井清武が士族授産として設立したのが「懐清社」（南曲輪町）であった。懐清社は、ドイツから輸入された紡績設備360錘を備え、紬糸紡績をおこなった。明治20年に新町紡績所は三井呉服店（のち三越呉服店）に払い下げられ民間となった。紬糸紡績の懐清社は事業を拡張し上川渕村六供に移転し同年に第三十三国立銀行が経営することになり社名も「前橋紡績会社」と改められた。しかし、同28年には三井新町紡績所に吸収された。

北勢多郡
糸ノ瀬村（利根郡昭和村）
　　萩原宗治は文政5年生まれ。寺子屋を開き子弟を教育。神官となり中教正の号位を受ける。歌人、書家。明治39年没。
　　加藤信次は明治22年初代助役兼収入役に就任。

（4）寄付者（旧前橋市）
　前橋市の寄付者は、次の通りである。

前橋市
本町
　　第三十九國立銀行は、県令楫取素彦が告諭を発し金禄公債証書による出資銀行の設立を進めたのに従い旧前橋藩士が設立した。明治11年9月12日開業免状を下付、11月12日業務開始。全国で第39番目の国立銀行。初代頭取が稲葉秀作。士族授産の目的で創立。同14年下村善太郎や江原芳平ら有力商人を取締役に加え経営改善を図った。茂木惣兵衛の進言により同20年東京支店開設（日本橋小網町）。同31年第三十九銀行（普通銀行）になった。
　　第二國立銀行（前橋）支店は、原善三郎が明治2年横浜為替会社として設立されたものが、同5年11月の国立銀行条例に基づき誕生。同8年1月高崎、同9年12月に前橋に支店を設けた。
　　第三十三國立銀行支店は、本店を東京駿河町に置き、川村傳衛が創業。明治13年に上毛繭糸改良会社と約束し前橋に支店を出店。上毛繭糸改良会社と連携して養蚕製糸のため金融の便宜を図った。
　　上毛繭糸改良會社は、生糸の直輸出と蚕糸改良の二大目的を掲げて明治13年2月に開業した。社長宮崎有敬。群馬県では明治10年代に各地に改良座繰社が設立された。星野長太郎により互瀬組が設立されると、前橋町を中心に改良座繰結社が誕生。深沢雄

象が松本源五郎、久野小作らと最初につくった結社が一番組で、商標に桐印を用いた。さらに深沢はかつて前橋藩営の横浜生糸売込問屋「敷島屋」の責任者であった鈴木昌作に働きかけ、鈴木が高須泉平、野口七之平らと下級士族を結集して二番組を創立し、商標に亀印を用いた。深沢の誘いに応じて、沼田の士族朝倉克邁らが三番組を結成し、馬印の商標を用いた。その後、前橋藩士族鳥海弥・多賀谷総象らが四番組を結成、一番組の定員を超えた加入志望者が五番組を設立し、一番組・四番組・五番組は合併して「桐華組」を名乗った。前橋藩士族喜多正雄・田原佳太郎・豊島万吉らが六番組を結成。明治 11 年 5 月 9 日に、各組を統合する上部組織として「精糸原社」が創立した。頭取は深沢雄象、副頭取は星野長太郎が就任した。しかし、二番組は分離して別個に精糸交水社を設立した。

下村善右衛門（しもむらぜんえもん）は文久 3 年生まれ、下村善太郎の長男。父の薦めにより 15 歳で上京し福沢諭吉に個人指導を受けた。市会議員を経て明治 32 年県会議員に当選。同 35 年第 7 回衆議院議員選挙に当選し 2 期。昭和 9 年没。

平井與吉は明治 2 年酒造場を開業。昇鶴いろは醸造和洋酒販売。上毛物産会社株主。臨江閣建設資金提供者の 1 人。

上州社（不詳）。

上毛物産会社は、前橋の生糸商が開設した金融機関。設立発起人は勝山源三郎、下村善太郎、江原芳平、勝山宗三郎、竹内勝蔵、市村良平ら前橋の大手生糸商と東京の中村碌郎、横浜の茂木惣兵衛ら売込問屋。生糸商にとって第三十九国立銀行より容易に便宜を図れる金融機関としての役割を担う。大正 7 年三十九銀行と合併し群馬銀行（第 1 次）となった。

【裏面】
前橋市
竪町

須藤安平は絹綿糸問屋「白子屋」を経営。洋傘、足袋、紐も販売。

真下鶴吉は慶応元年生まれで、海産物店（魚商）「尾鶴」のち「尾張屋」を経営。多額納税者。

佐藤八三郎は牛肉蒲焼料理「赤城亭支店」を経営。

山口保太郎・藤澤正平（不詳）。

西川かねは料亭「嬉野」を経営。

関口仁三郎・竹原長次郎（不詳）。

津久井以そは、「磯」とも表記。天保 9 年生まれ。24 歳の時、前橋の産科医・津久井文（克）讓の後妻となり、産婆学を学び、明治 3 年開業。技量は精巧を極め産科医も及ばすといわれた。内弟子をとり技術を伝習。弟子のひとりであった高橋瑞子は日本で 3 番目の女医。伯父から鎖鎌の修廉を受け免許皆伝。夜道の往診に鎖鎌を携帯した。同 21 年県産婆会を創立し会長に就任。大正 8 年没。

立川町

石原新造は荒物商で乾物青物商組合頭取。

佐藤棟助は大工。前橋大工職組合頭取。

平形藤平（ひらかたとうへい）は天保 11 年生まれ。慶応 2 年に小野子村から前橋に出て糸繭商を経営。外

商との対等取引を求める商権回復運動に参加。明治 14 年江原芳平らと上毛物産会社を設立。同 27 年熨斗糸共同荷造所を設置し副頭取、同 29 年県蚕糸業組合評議員、同 34 年熨斗糸同業組合長などを歴任。

福田政太郎は呉服商。

平井音吉は区長代理。市制施行請願運動委員（立川町）。

小池今造は生糸商人。

前橋繭市場會社は明治 21 年に杉友八ら 9 人が発起人となり設立された。明治初年まで前橋では四と九の市日に繭が本町などの露店で取り引きされていた。

昇立社は、前橋五大生糸商の 1 人であった下村善太郎が経営した製糸会社。創業明治 11 年 12 月。資本金 2,550 円・株主 8 人・職工 5 人（明治 20 年現在）。同 26 年精糸昇立社合名会社と改組。

敷島座は、熊野神社境内に続く広場にあった芝居小屋。明治 21 年 4 月起工、9 月落成。外部は東京浅草の中村座、内部は猿若町の市村座を模して設計。株式組織で「敷島座株式会社」と称した。一株 40 円、株主 65 人、資本金は 4,400 円。前橋の豊かな経済力にものを言わせた建築で、間口 11 間 3 尺、奥行 15 間という大きさで前橋町の偉観の 1 つ。同 31 年ごろの頭取は小泉藤吉、支配人は森桂三郎。

黒澤桂之助は肥料製造兼石油、塩販売「三河屋」を経営。

杉本亀治・須田治平（不詳）。

田村平吉は染色業者。

八木原政吉（不詳）。

竹内亀吉は田中町で鉄道積荷扱所「竹内亀吉支店」を経営。

小泉茂七は、下村善太郎の妻・せゑの兄。製糸会社の昇立社を経営。区長。

荒井勇次郎は楫取素彦留任運動惣代人の 1 人。立川町惣代、臨江閣建設資金提供者の 1 人。

佐藤市造は昇立社の発起人の 1 人。町会議員。繭市場会社支人。市会議員。

高間兼吉は建具・指物の木工業者。慶応元年創業。

川上助次郎は鍛冶職。

小林芳三郎は古着商を経営。

小島金六は砂糖商を経営。

石黒与四郎は生糸商人。

橋本藤吉は繭糸商を経営。

山岸芳造（不詳）。

山岸忠吉は綿商を経営。

田中安吉は玉繭商人。

杉友八は町会議員。前橋繭市場会社を設立、同定詰取締。

岡谷精一は東京府士族で群馬県時代から楫取県令に仕える。御用掛准判任地租係、会計係、収税属十四等相当地方税係長などを歴任。

吉澤賢之助は東京出身で会計課（七等）などを歴任。

梓澤茂市（一）は生糸商人。

小林伊平（不詳）。

森桂三郎は敷島座支配人。

横山町

木村専一郎（不詳）。

岡田文吉は、新潟県苅羽郡出身。その勤勉さが「あやめ屋」（鰻蒲焼）の主人に認められ、2代目となった。その後、金融業を始め蓄財をなした。市議会議員、参事会議員を歴任。

関口新三郎は区長。市制施行請願運動委員（横山町）。

小池太平は米穀和洋麦粉醤油業「福島屋」を経営。

八木清次郎は照降商組合（竪町）評議員。

手塚鎌五郎は、安政6年生まれ。士族出身で呉服太物「麻屋」を経営、多額納税者。

鈴木留次郎は米穀商。

杉本利三郎は生糸撚糸商「鍋屋」を経営。市会議員、市参事会員。

寺島一二は料理店「満寿屋」を経営。

倉田由三は、茶舗経営。横山町連合区長代理。前橋町代議員。養子の倉田萩郎（萩三郎）は高浜虚子・河東碧悟桐と正岡子規の第1期生として活躍。

櫻井傳二（三）は開業医（外科）。船戸和四郎、津久井文譲、服部立海、屋代承碩、高橋周禎、生田英碩らと群馬病院を創設。同院の外来患者は1日200人を超えたという。

高橋佐五郎（不詳）。

笠井純卿は開業医（産科）。衛生委員。

福島音吉は飲食店を経営。

矢野好阡・石川善七・亀井健治（不詳）。

秋山銀治は菓子小売商。菓子小売商組合頭取。

鈴木政吉は料理店「鈴政」を経営。

佐藤銭五郎は錺職。

高間孝吉は建具職。

中村新太郎・八木原又七（不詳）。

松宮彌平は、旅館「鍋屋」の経営者。明治20年前橋教会で受洗。

枺町

藤岡與市は紙商で区長。

鈴木半兵衛は袋物商「鈴半」商店の初代。第三十九銀行株主。

日高嘉助は糀・味噌製造業を経営。

鈴木金三郎は紙類・壁用品を商い「木屋」と称す。市会議員。

宮内國太郎は、片原通りで旅館住吉屋を創業した宮内文作の孫。

須藤芳太郎は提灯師。「片原ちょうちん」。提灯組合頭取。

畑田定吉は、片原饅頭の製造販売者。「志満屋」（島屋）。

鈴木磯太郎（不詳）。

日高嘉七はタビ（足袋）商を経営。

岡田ちのは酒類商を営む。

川端茂三郎は酒類商を経営。

鈴木兼吉は鈴木金三郎の弟、分家して「岩附屋」と称し薬種売薬商を営む。鈴木薬局の初代。市会議員。

川端長吉は穀商を経営。

横山敬一郎は長野県（木曽寝覚）出身、前橋へ出て蕎麦屋を始めたが、明治16年の

大火で度量衡の業を始めた。横山衡器製作所の初代。区長代理。市制施行請願運動委員（桑町）。茶販売も始め屋号を「寝覚園」と称した。

　　中村岩吉は西洋物商を経営。

　　飯島佐助は漆器商を経営。

　　春山義太郎（不詳）。

　　栗田仁三郎は帳面屋を経営。

　　猪野吉太郎（不詳）。

　　石橋傳造は洋燈硝子販売を経営。

　　筧保太郎は片原通で牛肉「旭本店」を経営。

　　内山長八は生糸商人。

　　鱸信造（不詳）。

　　小原甚太郎は下駄商で照降商組合評議員。

　　畑田代次郎は印判を経営。

　　青木栄三郎は時計師。

　　竹内徳平（不詳）。

　　平山病次郎は第三十九銀行株主。

　　冨岡常吉は畳屋を経営。

　　山内彦太郎は印判を経営。

　　杉村泰助は洋物「藤屋」を経営。

　　津久井茂八は町会議員。

　　武田庄太郎・浅田金次郎・磯部吉助・杉浦孫三郎・相馬保吉（不詳）。

紺屋町

　　青木直人・藤本梅太郎（不詳）。

　　籾山喜一郎は「喜市郎」と表記。雑穀商「林屋」を経営。

　　里見みき・大久保ゑ以・荒井亀吉（不詳）。

　　塩原善四郎は区長代理。楫取県令留任運動惣代人の１人。

　　舩瀬才太郎は町職員、市収入役。

　　代田乙五郎・須田磯五郎（不詳）。

　　小原澤錠三郎は、県医学校卒業の医師（産科）。

　　新井喜造・斎藤志ほ・遠間伊惣次・川島け以・新井常七・宮澤九次郎・山田彌八・小松きん・三澤甚吾（不詳）。

　　金子歌吉は畳職。

　　小西兼吉は提灯商を営む。

　　早川清吉・並木喜三郎（不詳）。

　　青木よ志は味噌醤油商を営む。

　　櫻井天汰・田中や以・加藤武八（不詳）。

　　青木彌造は、明治21年創業の青木製糸所を経営。同30年16釜、女工16人。

　　関口ふき（不詳）。

　　南波五郎三は旧前橋藩士族、群馬県師範学校職員。

　　山田誠吉は「山田清吉」と表記。料理店「新藤本」を経営。

　　近藤金造・大谷忠太郎（不詳）。

松浦重太郎は米穀商を営む。

池田孫七・奈良角次郎・甲賀たか（不詳）。

曲輪町

篠原叶は**上毛新聞社長**。嘉永3年忍藩士の子として生まれる。本名は義直。上京し堀田敬直に活版印刷の技術を学んだ。廃藩置県後は入間県に奉職。明治6年熊谷県の印刷係。同9年熊谷県が群馬県と埼玉県に分かれたのにともない高崎へ移り、翌年退官し前橋曲輪町に「成立舎」印刷所を開業。同19年11月『官令月報』を発行。翌年2月『群馬日報』と改めた。日刊新聞の先駆けで、11月に『上野新報』と合併して『上毛新聞』と改め創刊号を出した。号を香雨。大正15年没。

清水道三郎は鉱泉求全館（南曲輪町、医師高橋周禎が発見）の経営者。

羽生田仁作は神明町で牧畜・牛乳販売の赤城亭・赤城牧場を経営。子の俊次は眼科医で市会議長。

山寄恭輔は静岡県出身、県医学校長で附属の県立病院医長。

須田又八郎は嘉永2年小暮村（富士見村）の名主の家に生まれた。副戸長などを歴任し、明治12年に県会議員となり11年間在職。赤城湖氷会社、上毛馬車鉄道会社の創設に携わる。群馬県中学校（県立前橋高校）設立のため敷地を提供。同17年修文館（印刷業）を曲輪町に創業。明治30年没。

小川堤三は質屋を経営。

高橋常蔵は書肆「煥乎堂」を経営。

新井文吉（不詳）。

松村元三は旧前橋藩士族で、町会議員、市会議員。

近藤鍛吉は東群馬・南勢多郡警察署長。

小栗音五郎は米穀商・薪炭商を経営。市会議員。

瀧澤重吉（不詳）。

遠間惣五郎は旅館「中藤」を経営。

井上輔三は大区小区時代の副区長。

鈴木萬三郎は医師。市会議員。

板垣吉彌は照降商組合副頭取。

佐藤与三郎は旅館「藤ノ屋」を経営。区長。町会議員。

小池米三郎は旅館「小泉屋」を経営。

野中倉吉は新潟県から出てきて裸一貫で身を起こし芝居小屋「柳座」を買収、県内初の映画常設館「みやこ館」を創設。市会でも10人組を組織した有力者。

高畠武増は旧前橋藩の士族で高畠素之の父。素之は『資本論』を初めて完訳した国家社会主義者。

渡邊吉五郎は荒物商を経営。

鈴木萬吉・丸山長松（不詳）。

坂部林三郎は新潟県士族で、群馬県師範学校教諭兼小学校教諭

伊藤真英は代言人（弁護士）。

黒崎長三郎は書肆「富岳堂」を経営。

山口こと（不詳）。

連雀町

　　　坂（板）井忠七は洋物商。屋号水戸屋「板井洋品店」、洋物商組合副頭取。博聞舎新聞舗を経営。

　　　田口永八郎は市会議員、市参事会員。

　　　黒澤喜三郎は区長代理

　　　唐澤倉吉は楫取県令留任運動惣代人の1人。

　　　田島豊太郎は貴金属小間物商を経営。

　　　内山安衛は質商・煙草卸売商で区長。市制施行請願運動委員（連雀町）。

　　　本間岩吉は乾物商を経営。

　　　三添廣吉は酒類商を経営。

　　　金井正勝は書肆「報告堂」を経営。

　　　松井芳太郎（不詳）。

　　　寺田熊吉は瓦師。

　　　小林力五郎は棟梁。

　　　平井佐助は五十集商営業組合取締役。

　　　小林勇次郎（不詳）。

　　　平松雄太郎は菓子「亀松屋」を経営。

　　　長澤定七・中島治平・有坂啓助・鈴木誠次郎（不詳）。

　　　荒木傳吉（あらきでんきち）は古着商仕立物商で、現在の呉服商「小川屋」の創業者。

　　　羽鳥嘉造・廣幡亮充・関口儀助・藤生伊平・澤野市太郎・澤村儀三郎（不詳）。

　　　岡村鍾作は酒類商を経営。

　　　川久保丈助・羽鳥政吉（不詳）。

細ヶ澤町

　　　藤井新兵衛（ふじいしんべい）は文久元年生まれ。江戸時代から生糸商会で知られ、藩の生糸取締役などを務めた富商。明治30年上毛貯蓄銀行を創設し頭取になり、購繭資金の運用を行う。第2代前橋商工会議所会頭。臨江閣建設資金提供者の1人。昭和6年没。

　　　中野森太は区長。市制施行請願運動委員（細ヶ澤町）。細ヶ澤惣代、臨江閣建設資金提供者の1人。

　　　澤村嘉平治は「嘉平次」とも表記。酒類醤油商「十一屋」を経営。区長代理。

　　　藤井民平（不詳）。

　　　手島清三郎は小柳町連合戸長。楫取県令留任運動惣代人の1人。

　　　奈良伊之助は貸付業を経営。

　　　小松恒五郎（不詳）。

　　　海野友吉は関東正宗特約店、日本酒造。火災保険株式会社代理店。

　　　小林儀平は乾物青物商組合副頭取。

　　　藤井利七は茶舗。茶業組合世話人。

　　　長谷川卯吉は明治14年創業の長谷川製糸所を経営。同28年16釜、女工16人。

　　　中野姜吉（不詳）。

　　　新井久三郎は薬種商を営む。

　　　小関宇吉は旅人宿料理生蕎麦「近江屋」を経営。

　　　藤井音吉・小林熊五郎・樺澤藤平（不詳）。

小松亀三郎は荒物商を経営。

藤田五郎造は金物商を経営。

小松林兵（不詳）。

藤塚藤吉は明治20年創業の藤塚製糸所を経営。同32年10釜、女工13人。

中野仲七（不詳）。

西村兼次郎は酒類商を営む。

浅井寅吉・菅野鏻太郎・井上庄吉（不詳）。

宮澤亀太郎は明治28年に宮澤製糸所を創業。同30年12釜、女工12人。

福本銀次郎は明治9年創業の福本製糸所を経営。同30年10釜、女工10人。

若井寅吉は製糸業を経営。

武藤松造（不詳）。

南波民八は物品販売、ラムネ製造業を営む。

岩嵜定次郎・貫井長造（不詳）。

相生町

中井庄次郎は米穀・繭糸商「大阪屋」を経営。市制施行請願運動委員（相生町）。

畑康五郎（不詳）。

津久井文讓は医師。父利国が酒屋・油絞め業などを営み、使用人40人の富家。その二男で漢学医学を修め、江戸浅草で開業したが、帰郷し医院兼学堂「蓬原堂」を開業。妻2人に先立たれ、いそ夫人は3人目。

三品與三郎は明治15年創業の製糸所を経営。同28年14釜、女工14人。

根岸金次郎は明治5年創業の根岸製糸所を経営。同28年10釜、女工10人。区長。

津久井敬八・鯨井八百吉・片山多七（不詳）。

程山文太郎は「千代の湯」を経営。

小林喜作・小川喜八（不詳）。

石原龍太郎は商人で一級市会議員。区長代理。

北曲輪町

皇典講究會所

従四位勲三等・中村元雄（なかむらもとお）は天保10年豊後日田に生まれ、広瀬淡窓の咸宜園に学ぶ。廃藩置県後は日田県大属、大分県権典事を経て租税寮出仕、書記官、一等主税官、主税局長を歴任。明治24年群馬県知事に就任し、佐藤与三知事罷免後の混乱した県政を立て直した。公娼廃止決定はその一環。同29年まで在職し、勅選貴族院議員となった。同33年没。

従六位勲六等・島田宗正は県書記官。

赤城牧場は、嘉永6年前橋藩主松平家が藩用軍馬を牧養するため、箕輪に牧馬場を設けたことに始まる。廃藩置県で荒廃したが、加藤良夫が事業の継続を願い群馬県に拝借地出願を求めた。明治8年楫取素彦が士族授産として「牧牛の利」を説き、奉還金で「赤城牧社」を組織。内務省勧業寮から純洋牛種牝牡二頭を拝借し、前橋町に搾乳所を設置し事務所とした。肉牛は販売所を置いた。同18年川村純義伯爵が赤城牧社の株式を購入し「赤城牧場」と改称。加藤良夫が管理に当たった。同24年経営は三井銀行に移ったが、同28年前橋の下村善右衛門、関口安太郎、羽生田仁作、玉村の島田重作、町田

55

寛夫、千輝仙蔵らが三井家から譲渡し経営に当たった。

安井諄一は嘉永4年生まれ。旧前橋藩士族。祖父の与左衛門は郡代で利根川の治水と民政に功績を遺した。父は前橋藩の小参事。士族授産事業の第三十九国立銀行の設立と経営に尽力し、第2代頭取を務めた。市会議員、県会議員を歴任。明治29年没。

萩原密蔵は医師、萩原朔太郎の父。嘉永5年河内国志紀郡南木本邑71番地（大阪府八尾市）に生まれた。父・玄隆、母・周の三男で、父は医師。密蔵は13歳で分家し家伝薬（労咳の特効薬）調整。明治5年頃、教員養成を目的とした堺県立学校の小学師範科に入学し、同7年河内国三十五番小学校三等助教となった。しかし、翌8年には上京、同11年27歳で東京大学医学部通学医学に入学。「通学医学」とは、当時の本科生及び予科生が寄宿舎に入ったのに対して名付けられ、年齢20歳以上で医学の知識があり、主として年齢の関係で外国語を修得するのが困難な者に日本語で西洋医学を教えた。同13年10月に「医学別課医学」と改称。同14年12月卒業、30歳であった。翌年1月28日付で群馬県立病院医員。同院は群馬県医学校の付属病院であった。月俸80円で、医局長を兼務。県医学校は同14年6月30日をもって廃校になっていたので、密蔵が赴任したときには県立病院が独立して存続。同15年12月副院長。同15年9月18日、旧前橋藩士・八木始の長女・ケイと結婚。密蔵31歳、ケイ16歳。群馬県立病院が同18年6月29日に廃止されたため免職となり、群馬県衛生課附属医員となり、伊香保浴医局長として伊香保に赴任。11月には同局長を辞任し、前橋北曲輪町69番地で「萩原医院」を開業。朔太郎の父・密蔵は明治15年1月から楫取県令が辞任する同17年7月30日まで県立病院の医師（医局長、副院長）として仕えた。開業医となった密蔵の居宅は、県官吏の官舎として建てられたものが払い下げられたので、それを購入。開業早々、密蔵は当時では不治とされた白内障を治し名医と評判になった。朔太郎が生まれたのは明治19年11月1日であるから、佐藤與三県令の時代。

久野久は旧前橋藩士族で、深澤雄象・速水堅曹・松本源五郎・匂坂辺らと製糸工場を経営。県吏員となり、農商課などを歴任。

正七位・鈴木捨三（不詳）。

正七位・今村研介（不詳）。

正七位・吉川直簡（不詳）。

蜂須長五郎は嘉永2年江戸に生まれ、11歳の時に前橋藩主松平大和守家の家臣・蜂須守平の養子となった。明治21年県会議員に当選。執達吏。私塾「幽谷義塾」を開き子弟教育に当たった。桃井小学校、敷島小学校の校長などを歴任。同28年没。

川口辰三郎は執達吏。

小林勝壽は報国簡易小学校と簿記学伝習所の校主。

白坂定之は前橋養蚕組合代表。

高橋周禎は弘化3年新田郡大館村（太田市）に生まれる。幼名久馬、本姓高瀬。群馬郡総社町の今井家の養子となり、周禎と改名。西洋医学所で医学を修め種痘免許状を得て帰郷。高橋姓となり前橋で開業。明治12年群馬病院を創設。同年医学研究所を設立し会頭となり、翌年地方衛生会委員に選ばれ、同18年から9年間前橋種痘連合所で種痘に無料奉仕。同28年群馬―新潟間に上越鉄道を計画したが、経済変動により挫折。『上毛偉人伝』『上野鉱泉誌』を編纂出版。東京へ転じ脱肛・痔核の治療に専念。大正5年没。

平賀勝三郎は明治16年1月創刊の新聞『上野新報』（第1次）の発起人の1人。同紙は5月の前橋大火で類焼し廃刊。同19年11月に株主兼印刷人・須田又八郎、編集任・

平賀勝三郎で復刊（第2次）。前橋市の有給助役に就任。

田町

大渕作太郎は穀肥料商、搾油業者。

三ツ井扇吉は区長。市制施行請願運動委員（田町）。

西村浦次郎は市会議員。

中澤平吉は煙草商で区長代理。

中井繁次郎は米穀商で、曲輪町一ヶ所船橋世話人。

井田小平・中島安太郎（不詳）。

細谷茂三郎は織物撚糸製造業「細谷機工場」（絹綿交織）を営む。

神田嘉惣次は酒類商を経営。

田中辰次郎・宮内森太郎・武藤甚造（不詳）。

伊藤安五郎は明治11年に群馬県衛生所兼医学校を新築した時の建築掛。

高田房吉は木材業を営む。

岩嵜平吉は「岩崎」とも表記、畳職。

宮川喜文治・濱田繁吉（不詳）。

小倉長太郎は麻裏商を経営。

小保方米吉・池田亀吉・西田國太郎・新井亀吉（不詳）。

片貝町

市村茂吉は生糸商人。兄・良平とともに横浜開港で生糸業が有望であると生糸商を開業。明治13年市村社を創業。明治19年に良平から茂吉へ経営主体が移された。兄・良平は前橋二十五人衆の1人。

吉澤茂平は農業。前橋市農会委員。

青木平五郎は糸繭商で区長。

内海多門太は明治10年創業の製糸所を経営。同30年10釜、女工10人。

井上芳造は化粧品「志めざくら」本舗・穀荒物店を経営。

椎名亦男は染色業者。前橋染業組合副頭取。区長代理。

福田孝吉は楫取県令留任運動惣代人の1人。

細川五郎松は酒類商。酒類商組合第六部長

土屋房次郎・秋山伴吉・遠藤甚造・兼田金次郎（不詳）。

中川町

中島榮六は屋号「岩附屋」酒類味噌製造、醤油酢販売業を経営。

青木源四郎は荒物商で前橋町会議員。

酒井末男は茶舗を経営。

遠藤鏘平は明治2年（1869）6月、初代駐日イタリア特命全権公使ドゥ・ラ・トゥール一行の使節団の受け入れを対応。維新後は薪炭商を経営。市会議員。市制施行請願運動委員（中川町）。

岡田登晃衛は茶商を営む。区長代理。

品川伍作は生糸商で明治16年創業の製糸所を経営。同28年11釜、女工11人。

田所作太郎は質商を経営。

亀井榮造は薬種及び売薬商を営む。市会議員。

岩瀬清次郎（不詳）。

新町

北爪輪助は農業で市会議員。

竹越米造（不詳）。

宮澤駒太郎は農業。前橋市農会委員。区長代理。

斎藤總平は楫取県令留任運動惣代人の1人。

諏訪町

太田勝十郎は旧前橋藩士族で、士族授産として士族43人で明治12年製糸「桃井社」を創業。「豊城社」も創業。

五十嵐久平は酒造場を経営。区長。臨江閣建設資金提供者の1人。

田村新三郎は、明治26年に田村製糸所を創業。同32年11釜、女工13人。市会議員。

梅澤直造・馬場水穂（不詳）。

今野熊吉は大工。

井上與吉は穀商「三島屋」を経営。

林伊三郎（不詳）。

小柳町

荒井正八（不詳）。

登坂又五郎は区長代理。

木部金次郎は区長。

田村孫惣（不詳）。

藤井榮吉は代議員。

小松源吉は第三十九銀行株主。

杉本熊太郎（不詳）。

萱町

大澤三吉は染色業者。前橋染業組合頭取。

山田仁輔・今井孫四郎（不詳）。

松枝宅五郎は製糸業を営む。

近藤忍造・中島仙吉（不詳）。

高野角二郎は「角次郎」とも表記。生糸仲買商を経営。

生田榮十郎は明治20年創業の生田製糸所を経営。同32年10釜、女工10人。

榎町

印東福郎は安政4年生まれ。前橋藩士の子として生まれる。質商を営み、区長、市会議員、中川小学校学務委員などを歴任。号を「丹霊」とする歌人で、勝山方教らと松風会や前橋歌会の中心人物として活躍。昭和30年没。

関根りか・神山森吉（不詳）。

麻島常吉は区長代理。市制施行請願運動委員（榎町）。

瀧澤仲造は楫取県令留任運動惣代人の 1 人。

安本重治・中村周次郎・對間彌左衛門・倉林むつ・藤井莘存（不詳）。

神明町

正六位勲六等・千谷敏徳は前橋裁判所長。

山田精一は市会議員。

加藤良夫は群馬県士族で、利根北勢多郡役所書記十七等相当。

森本鶴造は神明町・前代田村字柳原区長。市制施行請願運動委員（神明町）。

笹治元は嘉永 3 年前橋藩士の子として生まれる。前橋藩の藩校・博喩堂の寮頭、訓義師から勢多郡書記、利根郡書記、前橋町会議員などを歴任した。明治 25 年市制施行にともない初代助役となり、同 31 年第 3 代市長に就任。衆議院議員に当選。昭和 16 年没。

中尾吉蔵は質商を経営。

関農夫雄は代言人（弁護士）。市会議員。

芳町

小池松次郎は区長代理。

須藤平次郎は市制施行請願運動委員（芳町）。

堀川町

正七位勲六等・小田切秀継／従七位・中岡藹（不詳）。

小林正義は群馬県士族で、北甘楽郡役所書記十五等相当、八等属学務課などを歴任。

津金豊昵は群馬県士族で、等外一等、十等属庶務課記録・審査係、九等属庶務課職員係、八等属庶務課常務係、御用掛准判任庶務課常務係などを歴任。

伊藤米次郎は埼玉県士族で、十等属十等警部、九等属九等警部、九等属出納課、八等属会計課兼警部、七等属会計課兼警部などを歴任。「伊東米次郎」。

保岡亮吉は嘉永 4 年生まれ。儒学者・保岡嶺南の孫で、父・正太郎も前橋の藩校・博喩堂の教授を務めた。前橋藩の藩校・博喩堂で漢学を学ぶ。熊谷県六等警部、群馬県八等警部、群馬県師範学校二等助教諭。号を鳳鳴。前橋で私塾の鳳鳴義塾、集成学館を開いた。船津伝次平などの墓誌を記す。大正 8 年没。

南曲輪町

瀧澤菊太郎は安政元年、今の長野県に生まれる。明治 15 年東京高等師範学校中学師範科を卒業し、秋田県師範学校教諭となった。翌 16 年校長になったが、群馬県師範学校二等教諭として転任。同 21 年群馬県師範学校長となった。昭和 8 年没。

牧齊太郎は群馬県士族。前橋藩権小参事。第三十九国立銀行監査役。

森下鑛吉は等外一等出仕地租改正係、十等属勧業課地理係山林係、九等属勧業課地理係山林係などを歴任。

小野島行薫は弘化 4 年生まれ。楫取素彦・寿夫妻が西本願寺明如上人に願って派遣された長州出身の僧侶。熊谷県や群馬県で浄土真宗の布教活動に従事。酬恩社を組織し全国的な活動を行った。社員が全国に拡大したことから本部を前橋から東京に移した。寿夫人の助力を乞い、県会で資金を出してもらい、監獄の囚人の布教を行った（教誨）。

楫取がその政治の才幹をみて、抜擢しようとしたのを、寿夫人が宗教家として本領を発揮させるよう諫めたという。明治20年前橋説教所（現在の清光寺）に清揚女学校を開校するとともに「上毛婦人教育会」を組織し、翌年には月刊機関紙『婦人教育雑誌』を創刊。昭和2年没。

磯村應は山口県士族（吉敷郡吉敷村）で、熊谷県時代から楫取県令に仕える。史生駅逓係、七等属駅逓係、六等属土木課常務係、六等属土木課長心得、五等属土木課長を歴任。應には音介・延寿郎（夭折）・十蔵・秀策・有芳・利水の6人の子があった。長男・音介は厩橋学校（小学校）の成績優秀で明治11年の明治天皇の北陸東海巡幸のとき、楫取県令に選ばれ「御前講書」を行い、岩倉具視ら供奉員の嘆賞を受けた。群馬県中学校（県立前橋高等学校）第2回卒業生で、東京大学予備門を卒業し法科大学に入学したが中退し、滋賀県商業学校教頭兼大津商業会議所特別会員、神戸商業会議所書記長を経て日本精糖株式会社支配人。日本製糖株式会社を合併し大日本精糖株式会社を組織し専務取締役に就任。三男・十蔵は男爵真鍋斌の養嗣子となり朝鮮京城覆審法院長として伊藤博文暗殺の安重根を裁いた。五男・有芳は楫取県令の二男・楫取道明の二女・治子と結婚し、楫取県令の長男・小田村希家の養子となった。有芳・治子夫妻の長男・嘉穂の夫人・夏子は鈴木貫太郎（海軍大将、内閣総理大臣）の弟・孝雄（陸軍大将）の長女。

向町

従七位・真野節は静岡県士族で熊谷県時代から楫取県令に仕える。中属学務係、吾妻郡長、群馬県師範学校長などを歴任。のち県職員録に「群馬県士族」と表記。

岩神町

上毛馬車鉄道株式会社は、明治22年岩神村に本社を置いて創設。同23年7月認可、同24年運行開始。社長に中島行孝、取締役谷村小作・荻野六郎、監査役伊藤幹一・郷誠之助・中澤豊七、支配人横田三九郎。軌道延長11マイル・客車22台・貨車20台・馬53頭・従業員40人（同31年現在）。細ヶ沢に岩神停車場を置き、関根―荒牧―田口―箱田―利根川の木橋―半田―中村―渋川新町のルート。岩神停車場と前橋駅間は一般の馬車で連絡。旅客のほかに北毛、新潟方面の物資を前橋へ輸送するのに役立った。同34年鉄橋の坂東橋が架設。同39年前橋馬車鉄道株式会社と社名変更、運行区間も前橋駅まで延伸。同42年10月9日の利根発電株式会社の営業開始とともに電化に踏み切り「前橋電気軌道株式会社」。同43年に前橋で開催された一府十四県連合共進会を前の10月に運転開始。

瀧野壽茂は東京府士族で、十六等出仕勧業課勧商係、十五等出仕勧業課勧商係、八等属勧業課工商係農務係、八等属勧業課農商係、七等属勧業課農商係などを歴任。

横地巳之吉は岩神村戸長などを歴任。岩神村・前代田村字中河原区長。

大嶋雲八は農業。前橋市農会委員。

渡邊理は士族。交水社取締役、第三十九国立銀行監査役。区長代理。

川口鋼は群馬県士族、県会計課雇員。

松村つね（不詳）。

一毛町

交水社は、明治10年に精糸原舎（社）が創立され製糸改良運動が開始されたときに、

高須泉平・鈴木昌作らが広瀬組（二番組）として参加したのを、生糸を外国へ直輸出するか横浜の商館を経て輸出するかに議論が分かれ、直輸出は高値取引があっても、取引先の支払いが4ヶ月から6ヶ月も入金されず、その間資金力が必要なうえ、生糸相場の変動を見通す経営能力も必要であるので危険であるとして、直輸出に不安を抱いた高須・鈴木らが脱退して、翌11年広瀬組を交水社と改称したもの。一毛村（町）に工場を置き、資本金1万円で頭取が高須、副頭取が鈴木で他に17人が加わった。横浜居留地のアメリカ国六番館主と取引特約を結んだ。これが外国商館と日本の製糸家との直接取引の始めと言われる。同19年には前橋第一の製糸工場となった。高須の弟・小十郎は鈴木家を継ぎ、理事長となった。

　　細谷桟平は彫刻家・細谷而楽（三郎）の父。製糸業や質屋を営んだ。細谷家は前橋藩士の家柄、而楽の祖父・登代平義孝は同藩士・西郡鎮平の長男であったが、細谷定八の養子となって細谷家に入った。市制施行請願運動委員（一毛村）。

　　佐賀山鎌太郎は、明治29年一毛町に開業した共同合資会社（のち前橋商業銀行）の取締役として業務を担当。区長。

　　加藤小平は農業を営む。前橋市農会幹事。

萩村

　　松田孝は旧前橋藩士族で市会議員。第三十九国立銀行取締役兼支配人。

　　中野盈置は熊本県士族で、八等属調査係。

　　笹原廣治は明治22年笹原製糸所を開業。市会議員。

　　中山冬熊は区長。市制施行請願運動委員（萩村）。

　　大野清作は第三十九銀行株主。

　　松田むつ（不詳）。

　　岡田亀松は群馬県士族、県土木課雇員。

田中町

　　深井仙八は群馬県士族、県庶務課雇員。

國領村

　　高須泉平は天保5年江戸で生まれ前橋藩士の父安右衛門とともに前橋に移住。前橋藩権少属。明治10年士族製糸結社交水組を組織し、精糸原社の設立に参画。直輸出に反対し、翌年11月に交水社として独立。同社は改良座繰から器械製糸に転換、器械製糸所を結集し、明治末期には前橋の器械製糸30社中24社を占めた。同42年社長を鈴木小十郎に譲った。大正元年没。

　　鈴木藤太郎は町会議員。

　　内藤健吾は前橋市役所技師。

　　島田輪十郎は農業を営む。前橋市農会委員。区長。市制施行請願運動委員（国領村）。

　　吉田輪三郎は市会議員。第8代議長。

　　近藤忠一は群馬県士族で、楫取県令時代に碓氷郡書記十四等相当。

天川村

　　熊谷株六は区長。

清王寺村

　　従七位・**三木泰象**は群馬県士族で、楫取県令時代に東群馬南勢多郡長、碓氷郡長を歴任。

　　須賀原清真は旧前橋藩士族、鷲田亮尾・佐藤力次郎らと士族授産として座繰製糸「清益社」を創業。

　　宮島俊總は旧前橋藩士族。才川村連合区長代理、東群馬・南勢多郡役所書記十五等相当。

北神明町

　　高久逸象は町会議員。

宗甫分村

　　古田元詮は神奈川県士族で楫取県令時代に十等警部、九等警部、八等警部、岩鼻監獄本署書記兼看守長、前橋監獄支署書記兼看守長などを歴任。

紅雲分村

　　鷲田迅雄は嘉永3年前橋藩士の子として生まれる。栃木県師範学校を卒業。明治25年の前橋市制とともに市会議員となる。同30年に県会議員に当選。前橋米穀取引所支配人、第三十九国立銀行取締役、前橋商業会議所副会頭。晩年は旧前橋藩主松平家家令相談役。昭和5年没。

　　森村連太は佐位郡連取村（伊勢崎市）の森村総本家の第16代当主。幕末に長崎に遊学し兵法を学んだが、丈夫でなかったので、長男・鍋太が16歳になると家督を譲り隠居。同家は天正九年連取に入封した旗本・駒井氏から案内役を命じられ「森村」姓を拝領。15代当主登喜太のときに、幕末横浜開港後に座繰製糸社「連製社」を経営。横浜の貿易会社アーレンス社を通し、フランス・イタリアへ生糸・蚕種を売りさばき、富を蓄積。金融業や明治18年旧酒井家（伊勢崎藩）の家臣の士族授産を目的とした前橋煉瓦製造所を開業するなど多角経営に乗り出した。連太の三男が鋳金工芸家・森村西三。

　　林傳次は農業を営む。前橋市農会委員。

前代田村

　　髙木庄八は、旧前橋藩主・松平家の庭師。臨江閣の庭を作庭。楫取県令が住んだ楽水園を管理。

　　堀内榮吉・田所房五郎（不詳）。

鳶職総代
　　小川濱吉
　　宮嵜瀧造
　　高橋常吉

土方職総代
　　羽柴三吉
　　長谷川代五郎
　　田島角次郎

石工総代
　　唐澤鷹吉
　　宮下馬太郎
　　坂石兼吉

第4章　建碑式と建碑の中心人物

　建碑式は次の新聞記事と書簡から、明治 25 年 4 月 10 日午後 1 時に楫取素彦や関係者を迎えて行われたことがわかる。

　　　前橋市民の重立たる人々、発起者と為り、前群馬県令楫取素彦氏の爲めに功徳碑を建設せんと計画せしより各郡の有志者も大に之を賛成し、多額の寄附金を得たるを以て、同市公園内にトし、昨年来該工事に着手し最早竣功したるに付き、来月上旬に建碑式を挙行する都合なりと。同碑は長さ一丈二尺、巾六尺の菊花石にして、碑額は有栖川宮殿下の揮毫に係り、頗る壮観なりと云ふ（『時事新報』明治 25 年 3 月 23 日）

　楫取素彦が下村善太郎と須田傳吉に宛てた次の書簡（『下村善太郎と当時の人々』248 頁）から、楫取家からは楫取と美和夫人、孫 2 人、従者 2 人の 6 人が出席した。

　　　一昨四日附御通信之趣来る十日午後一時建碑式擧行相成出席の儀御案内被下辱致拝謝候即家族一同罷出可申候。重野博士にも其旨通じ候處御承諾に而出席可致回答有之。金井氏は既に上州地方滞留中之由に付定めて御通知相成候事旨存候。右御返詞迄如此候。
　　　四月六日午前　　　　　勿々敬具
　　　　　　　　　　　　　　　　　　　　　　楫取　　素彦
　　　下村善太郎　　様
　　　須田　傳吉　　様
　　追而午前十時三十九分新宿発汽車に乗組候積、人数は孫共両人従者両人以上六名にて罷出候間為念申上置候　迄

　書簡からは、楫取の喜びが行間から伝わってくる。楫取夫妻が県令在職中に住んだのは「楽水園」であった。山本栄一郎氏が解読した楫取が義兄・杉民治に宛てた書簡（明治 17 年 11 月 2 日付）によると、楽水園はその後、前橋の有志が買い取って、「楫取素彦」の表札を掲げ、楫取が来県の際は滞在してもらうように取り計らっていたことから、楫取一家は楽水園に投宿したものと思わ

れる。

　この書簡から建碑の中心が下村と須田の2人であったことがわかる。

第5章　功徳碑建立の歴史的背景

（1）前橋の市制施行
　では、なぜ明治23年になって功徳碑を建立しようとする運動が始まったのであろうか。まず考えられるのが、前橋の市制施行運動との関係である。

　明治22年4月1日、市制町村制が施行され、全国で33の市が誕生した。関東地方では東京市・横浜市・水戸市であった。市制の条件として「人口2万5000以上」の規準が示された。翌23年になると前橋町名誉助役・猪谷秀麿らが市制施行請願運動を主唱し、4月1日に町会に議案として上程。町会では可否を決する前に先進地を視察調査することになり、町会議員の鷲田迅雄と渋谷充の2人が臨事視察委員に選任され、三重県津市や岐阜県岐阜市を猪谷とともに視察調査した。そして、6月13日の町会で市制施行が満場一致で可決され、7月に「市制御施行ノ義請願」が松本真三町長名で佐藤與三知事に提出された。

　ところが、その直後に「竪町新道開通問題」が起こり、町内を二分する対立に発展し町長以下幹部が総辞職して、市制問題はさたやみとなった。しかし、新道問題が解決すると市制施行を望む声が高まり、明治24年3月25日、町内各大字の組長ら町民代表35人は、前年に請願を県に提出したがいまだに認可がない、このままではいつ市制が実現するか分からないから再び運動を起こすべきである、費用は寄付の用意がある、との建議書を黒崎長左衛門町長に提出した。そこで、黒崎町長は4月6日に町会を招集、市制施行請願の臨時委員として町議の生方柳太郎・松井嘉一郎・市村愛三・鷲田迅雄・喜多正雄の5人を選任し、4月16日に黒崎町長名で県知事宛に市制施行の再請願書を提出した。

　県はこれを6月13日に内務省に具申し、9月24日に内務大臣は山県三郎書記官と河村弥三郎試補の2人を実情調査のため前橋へ派遣。この結果、10月9日、内務省告示第49号で前橋町を市制施行地に指定し、25年4月1日から市制を施行することが内定した。

　功徳碑は前橋町民が建立を企画。重野安繹が撰文を完成したのが明治23年10月のことであった。町会が満場一致で市制施行を可決したのが6月で、県に請願書を提出したのが7月。竪町新道問題が惹起しなければ、前橋では市制が翌24年に施行させることは確実視された。その記念として楫取の功徳碑を建

立しようとする気運が起こっても不思議ではない。前橋の発起人をみると、ほとんどが町長や町会議員として市制施行に関わった有力者である。

（2）佐藤知事排斥運動

　しかし、建碑の話が知れると、県下一円から賛同者が多数現れた。そこで、設置場所は前橋公園に決定し、明治24年から工事が始まり翌25年3月に完成した。このように県下各地から賛同者が現れたのは、楫取素彦が県令として草鞋履きで握り飯を携え県内を回り、県民と苦楽をともにしたことによるものであるが、楫取の後任で県令となった佐藤與三の排斥運動と関係もあったと思われる。

　県令となった佐藤與三は工部大書記官からの栄転であった。佐藤の出身地は長州阿武郡萩平安古（山口県萩市）。楫取と同郷であった。その結果、群馬県は熊谷県時代を含め明治7年7月から17年7月まで10年間を楫取が、明治17年7月から24年4月までの約7年間を佐藤が、それぞれ県令（知事）であった。群馬県は置県から約17年もの間、萩出身の長州人が県令であった。ちなみに北関東3県を比較すると、栃木県は薩摩出身の県令（知事）が長い間その任にあり、茨城県は幕臣を含め短期間で県令（知事）が替わっている。

　さて、佐藤であるが、県令引き継ぎに当たって楫取の方針を引き継ぐことを宣言したが、明治23年の通常県会で、「屢々県会ノ権利ヲ蔑如シ、又ハ輿望ニ背悖スルガ如キノ挙アルヲ見ル」と議員43人の連名で辞職勧告を突きつけられた。その理由は①楫取県令が輿論に従い許可した公娼全廃の布令が延期されたこと、②監獄新築敷地買入など県会で可決した予算案が議決通り執行されていないことであった。辞職勧告を巡って発言希望者が続々と立って議場は騒然となった。辞職勧告建議案は55人出席議員中、反対わずか6人の議員で可決。また、佐藤県令は意に沿わない書記官をしばしば更迭し庁内にも軋轢を生じたと指弾された。

　同23年12月17日と翌年1月1日付で、知事と内務大臣から県会解散命令が出された。緑野・多胡両郡では町村長はじめ有志が県知事転任の請願を行うため署名活動を開始し、代表が請願書提出のため上京した。解散命令により行われた県会議員選挙も、佐藤知事に不利な結果が出て、4月9日、佐藤は政府より知事を罷免された。

　小島邇一郎、金井貢、野村藤太、島田重作、山口六平、大島直作、本島自柳、田島定蔵、新井捨十郎、松井八十吉など辞職勧告建議案に署名した県会議員が寄付者に名を連ねているのも佐藤知事と県会の対立が反映しているものと推測できる。楫取の徳望を慕い、その県政を讃えることは、佐藤県政への批判を意味した。佐藤が罷免され、功徳碑も実現に向けて本格化した。佐藤の後任は中

村元雄で、大蔵省主税局長からの栄転であった。中村の名も寄付者名に「北曲輪町　従四位勲三等　中村元雄」と刻まれている。発起人でなく寄付者の１人として名を刻んだのは、佐藤知事罷免という事情と関係があると思われる。

　楫取のように県会や人民を尊重する県令は長く敬愛され功徳碑が建てられ、佐藤のように輿望を無視する県令は県会で辞職勧告が可決され罷免されるという歴史が打ち建てられた。

(3) 留任運動の請願書
　楫取素彦が県令を辞めて、群馬県を離れるという内報が漏れたのは明治16年のことであった。そこで、前橋町民は各町から惣代を選出し、県の大書記官・森醇にあて、政府に留任方上申書を提出してほしいと、次の「情願書」を提出した（『前橋市史　第四巻』39－43頁）。

　　情願書
　　　　群馬県下／上野国東群馬・南勢多郡前橋町／人民惣代
　　謹而請願ノ主意奉申上候、本県下ノ儀ハ廃藩置県ノ後チ主宰ノ長官度々御転任ノ為自然民心不治、恟々（きょうきょう）トシテ職業ニ安ンセス罷在候処、明治八年中当県令楫取素彦公閣下御在職以来深ク民情御洞察、農ニ工ニ商ニ其事業ニ就テ厚ク御奨励被為在、一般ノ人民大ニ前日ノ心志ヲ改メ各奮発事業ヲ勉メ国産ノ第一二位スル蚕桑ノ業ノ如キ真ニ改良ノ途ニ進ミ、已ニ国民殷富（いんぷ）ヲ致スノ賭（緒）ニ就カント欲スルノ今日ニ際シ、竊ニ伝聞仕候処、令公閣下ニハ御辞表其筋ニ進呈セラレ本県ヲ御退去可被為遊御決定之由実以驚愕ニ堪ヘス、庁下ノ人民所々ニ頭ヲ集メ、父母ノ慈ニ離ルヽノ悲嘆憂苦ニ沈ミ、寝食ニ安ンセサル仕合ニ御座候得ハ、敢テ御在職ノ儀ヲ奉情願候ハ深ク奉恐入候得共、已ニ十年ノ間御撫育被成下置候本州人民ノ情状御洞察、況ヤ庁下古来未曾有ノ大火ニ罹リタル者共将来営業ノ道相立安堵ノ思ヒヲ成シ候迄、尚御愛育ヲ垂レサセラレ候様其筋へ御上申被成下度、惣代一同連署奉願情願候也
　　　　右町／惣代人
　明治十六年六月十一日
　下村善太郎、　勝山秀三郎、　勝山牧二郎、　串田惣三郎、　竹内勝造、　横川吉次郎、　武田友七郎、　八木原三代吉、　田部井宗七、　福田孝吉、　市村良平、　石田卯四郎、　野村喜六、　荒井甚八、　太田力蔵、　荒井勇次郎、　松井林吉、　今井徳五郎、　鈴木久三郎、　長井源吉、　筒井登代吉、　落合亀太郎、　桑原寿平、　木村専七、　中島政五郎、　木村辰三、　須田伝吉、　内山覚次郎、　横川重七、　中野森太、　大島喜六、　手島清三郎、　荒井友七、　木村農夫吉、　荒井久七、　河野彦郎、　生形八郎、　梅沢喜平、　久野幸八、　茂木儀三郎、　鈴木要吉、　五十嵐喜平、　塩沢孝八、梅山三四郎、　荒牧幸内、　宇佐美佐平太、　唐沢倉吉、　林四郎、　深町庄吉、松浦半平、　生形要造、　松本源五郎、　田部井安太郎、　黒崎長平、　関文七、　野田竹次郎、大淵庄吉、　粟井光貞、春山又吉、　小泉藤吉、滝沢仲造、　印東正凞、深町代五郎、塩原善四郎、根岸倉次郎
　　　群馬県大書記官　　森　醇　殿
　　前書情願之趣相違無之ニ付願意御採用被成下度、依テ捺印進達仕候也
　　　群馬県下

東群馬郡前橋田町／戸長欠員ニ付用係　　向井重弓
　　　同郡前橋中川町外三ヶ町／戸長　　斎藤総平
　　　南勢多郡前橋小柳町外四ヶ町／戸長　奈良伊之八
　　　東群馬郡前橋曲輪町外七ヶ町／戸長　佐藤恒義
　　　同郡前橋横山町外九ヶ町／戸長　村上恂平

　この「情願書」に対して、大書記官の森は、次のように詮議に及ばずと取り合わなかった。

　　　書面情願之趣情実無余儀相聞ヘ候得共何分之詮議ニ難及候事
　　　　　　　　　　　　　　　　　群馬県大書記官　森　醇
　明治十六年六月十三日

　ここに名を連ねた多くの人が、発起人や寄付者となり、建碑の中心になった。

第6章　前橋大火と楫取夫妻

（1）前橋大火
　明治16年5月1日の晩、前橋町内は端午の節句を祝う雰囲気に包まれていたが、旅館住吉屋の裏手から火の手が上がった。烈風が吹き荒れたので、猛炎は荒れ狂い、桑町・横山町・紺屋町・本町・竪町・立川町・榎町・連雀町・相生町が焦土と化した。
　東群馬郡前橋横山町外九ヵ町戸長・村上均平が、東群馬・南勢多郡長・三木泰象に報告した5月5日の調査によると、焼失戸数は桑町98、横山町156、紺屋町101、本町83、竪町70、立川町62、榎町63、連雀町97、相生町3の731戸に及んだ。
　火災救助のため近隣町村から多数が出動したほか、焼け跡整理も町民総動員であった。義援金や物資援助も、楫取県令70円、江原芳平白米10俵、本願寺出張所100円、旧前橋藩主松平家1,000円、下村善太郎1,365円、田口永八朗ほか2名100円、岩崎作太郎244円と白米1俵、服部新七下駄796足、八木原三代吉100円などが記録に残っている。

（2）栄転を辞退
　この大火は楫取の県令在任中に起こった。山本栄一郎氏が楫取素彦の杉民治宛て書簡（明治16年5月7日付、6月10日付）を解読したところ、楫取は前

橋大火が起こる直前の4月に内務省に宛て辞表を提出。元老院議官に就任する
ことが内々に固まっていた。

　しかし、「不図、去ル一日夜、縣下前橋市街焼失」という大火が発生したので、
悲嘆にくれる前橋町民を置いて「逃去候訳ニモ参り兼、殊ノ外ナル心痛」と、
町民と共に前橋復興のため留任することを決意。楫取素彦・美和夫妻は、町民
とともに復興に汗を流した。楫取夫妻と前橋の人々の絆は、さらに深まった。

　2人の送別には多くの町民が集まり別れを惜しんだと伝えられているが、そ
れは夫妻が前橋復興に尽力したことも大きな要因であった。功徳碑の寄付者が
被災町内を網羅しているのも、楫取夫妻への恩義からであろう。

第7章　発起人・寄付者に対する考察

　最後に発起人・寄付者について分類的な考察を加えたい。①数的に最も多い
のは前橋市民である。県庁移転など「県都前橋」を楫取の力を得てつくりあげ
た下村善太郎、須田傳吉ら有力者が建碑の中心となり、前橋大火への恩義から
「市井（草莽）の人々」が寄付に応じた。それから、次のような人々が発起人・
寄付者となっている。②県内の有力者で、戸長や地租改正惣代・郡役場書記・
県会議員などを歴任し、楫取県令と初期県政を担った名望家。③県庁職員とし
て楫取県令に仕えた吏員。④楫取は県令として教育と産業の振興に力を入れた
ことはよく知られている。楫取と殖産興業を担った人々が寄付に応じた。前橋
に次いで桐生、伊勢崎が多いのもそのためであろう。ちなみに、明治12年の
群馬県織物販売総額は約630万円。そのうち、山田郡（桐生織物）82.5％、佐
位郡（伊勢崎織物）8.3％、西群馬郡7.6％、邑楽郡1.3％であった。実はこの
点に楫取の県令らしさが現れている。群馬県は蚕種・養蚕・製糸・織物—絹産
業が盛んで当時の国家を支えていた。村田峰次郎『耕堂楫取男爵伝記』（楫取
素彦伝記）にあるように、楫取はこれらの産業を円滑に発展させるため、銀行・
交通運輸（鉄道、道路、舟運）・土木・治水の整備にもつとめた。楫取とこれ
らの事業に関わった人々が発起人・寄付者になっているのであるが、特徴的な
のは金融機関の関係者である。

　近代的金融機関は国立銀行のほか、生産会社（銀行類似会社）としてスター
トした。生産会社については『群馬県史 通史編8 近代現代2 産業・経済』（312
－318）で指摘されているように、明治6年7月に足柄県田方郡韮山村（静岡県）
に設立された韮山生産会社が起源で、足柄県権令柏木忠俊の開明的な構想によ
る。柏木のもとで産業開発を助けたのが同県参事の楫取素彦であった。楫取は

翌7年熊谷県権令に転じた。楫取県令によって足柄県で試みられつつあった生産会社式の勧業政策が熊谷県、そして群馬県で展開された。

　楫取素彦はこのような堅実な政治家であった。村田清風による藩政改革、柏木忠俊による足柄県での勧業政策、河瀬秀治の熊谷県での勧業政策などを引き継ぎ、群馬県令として勧業政策を展開した。教育についても同様であった。

　⑤功徳碑の寄付者名には「荒砥村」「大胡村有志者」「有志者○名」「士族一同」「蚕種改良組合」「大字穴原村」「役場吏員」などと刻まれているものがかなりある。こうした寄付者こそ、まさに楫取素彦が県内を草履わらじ履きで握り飯を携え回り、県民と苦楽を共にしたという証である。

　⑥また、通史的理解で楫取県令と県政を担ったり、親しかったりと思われていた人物が発起人にも寄付者になっていない点も確認できた。初期県会の有力議員である宮崎有敬、星野長太郎らの名はあっても、湯浅治郎、高津仲次郎らの名はない。県庁職員も山口県出身者では磯村應と中原復亮が最も楫取夫妻と親しい間柄であったが、磯村の名はあるが中原の名はない。中原は楫取によって熊谷県（群馬県）に職を得て、寿夫人が亡くなると青山霊園の墓所に灯籠を寄付した。明治25年には土木課長になっているので、功徳碑建立時にはまさに県庁職員であった。楫取県令時代の元職員が東京府や長崎県などから寄付をしているのに比べて、楫取と中原の関係から寄付をしていないのは不思議なことである。罷免された同郷の佐藤與三知事（県令）に気兼ねしたのであろうか。こうした点を見ても、寄付がまったくの自由意思で行われたことが分かる。

あとがき

　功徳碑には実に多くの個人名や会社名などが刻まれています。県立や市立図書館にある自治体史などの書籍や県立文書館にある行政文書などを検索して管見の限り調査を試みましたが、すべてを解明することができませんでした。解明すべき個人は929人中764人、会社は12社中11社が判明。解明率は全体で82.4％でした。

　功徳碑に刻まれている人々は何らかのかたちで楫取県令とかかわりがありました。管見では解明できなかった人物も、多くの読者の目に触れることによって明らかになると思われます。読者の皆様にご教示をお願い申し上げます。楫取県令と碑に刻まれた人々の関係から楫取県令の実像や県政の実情が明らかになり、楫取素彦研究の進展につながることを願っております。

　なお、本調査にあたり、南雲正和氏、桜井孝江氏、目崎望氏にご協力をいただきました。厚く御礼を申し上げます。

〈引用・参考文献〉

○ 『群馬県議会史第一巻』、群馬県議会、昭和 26 年。
○ 『群馬県史　通史編 9　近代現代 3』、群馬県、平成 2 年。
○ 『邑楽郡誌』、群馬県邑楽郡教育会、大正 6 年。
○ 『利根郡誌』、利根郡教育会、昭和 5 年。
○ 『山田郡誌』、山田郡教育会、昭和 14 年。
○ 『富岡史』、富岡市、昭和 30 年。
○ 『桐生市史　中巻』、桐生市史刊行委員会、昭和 34 年。
○ 『多野藤岡地方誌』、多野藤岡地方誌編集委員会、昭和 51 年。
○ 『多野郡誌』、歴史図書社、昭和 52 年。
○ 『武蔵国児玉郡誌』（昭和 2 年復刻）、名著出版、昭和 48 年。
○ 『前橋市史　第 4 巻』、前橋市、昭和 53 年
○ 『前橋市史　第 5 巻』、前橋市、昭和 59 年
○ 『藤岡市史　通史編近世、近代・現代』、藤岡市、平成 9 年。
○ 『沼田市史　資料編 3　近代現代』、沼田市、平成 10 年。
○ 『原町誌』、吾妻町、昭和 35 年。
○ 『中之条町誌第 1 巻』、中之条町役場、昭和 51 年。
○ 『新田町誌　第二巻　資料編下』、新田町、昭和 62 年。
○ 『磯部誌』、磯部地誌刊行会、平成 2 年。
○ 『尾島町誌　通史編　下巻』、尾島町、平成 5 年。
○ 『薮塚本町誌　下巻』、薮塚本町、平成 7 年。
○ 『大間々町誌別巻三　近代・現代資料編』、大間々町誌刊行委員会、平成 8 年。
○ 『大間々町誌通史偏下巻』、大間々町誌刊行委員会、平成 13 年。
○ 『糸之瀬村誌』、糸之瀬村役場、昭和 33 年。
○ 『池田村史』、池田村史編纂委員会、昭和 39 年。
○ 『古馬牧村誌』、月夜野町誌編纂委員会、昭和 47 年。
○ 『明治 43 年刊桃野村誌―復刻―』、月夜野町教育委員会、昭和 47 年。
○ 『宮城村誌』、宮城村役場、昭和 48 年。
○ 『北橘村誌』、北橘村役場、昭和 50 年。
○ 『宝泉村誌』、宝泉村誌編さん委員会、昭和 51 年。
○ 『子持村誌　下巻』、子持村、昭和 62 年。
○ 『黒保根村誌 2、近代・現代 I　行政』、黒保根村誌刊行委員会、平成 9 年
○ 『黒保根村誌 3、近代・現代 II　軍事・産業』、黒保根村誌刊行委員会、平成 9 年。
○ 『桂萱村誌』、桂萱地区自治会連合会桂萱村誌刊行委員会、平成 18 年。
○ 佐野瑛『大日本蚕史　正史』、大日本蚕史編纂事務所、明治 31 年。
○ 『群馬県営業便覧』、全国営業便覧発行所、明治 37 年（みやま文庫　復刻版、昭和 51 年）。
○ 豊国書院編纂『前橋繁昌記』、前橋繁昌発行所、明治 40 年。
○ 群馬県協賛会編『群馬県案内』、東京印刷株式会社、明治 43 年。
○ 前原悠一郎『桐生の今昔』、桐生市役所、昭和 33 年。
○ 『桐生織物史　中巻』。国書刊行会、昭和 49 年。
○ 『桐生織物史　下巻』、国書刊行会、昭和 49 年。
○ 『前橋繁昌記（復刻版）』、みやま文庫、昭和 49 年
○ 『高崎商工会議所 100 年史』、高崎商工会議所 100 年史刊行委員会、平成 7 年
○ 「桑町」編集委員会編『桑町』、財団法人桑町会館、平成 13 年。
○ 多胡寅次郎『信仰の偉人　宮内文作翁傳』、非売品。昭和 7 年。
○ 加藤一太郎『伏島近蔵翁』、非売品。昭和 37 年。
○ 丸山清康『群馬の医史』、群馬県医師会、昭和 33 年。
○ 韮塚一三郎『関東を開く賢者―楫取素彦と小野島行薫―』、さいたま出版会、昭和 62 年
○ 『萩原朔太郎全集　第十五巻』、筑摩書房、昭和 63 年補訂版
○ 『楫取素彦と幕末維新の群像』、萩博物館、平成 24 年

- 楫取素彦没後百年顕彰会編『男爵楫取素彦の生涯』、公益財団法人毛利報公会、平成 24 年
- 手島仁『鋳金工芸家・森村酉三とその時代』、みやま文庫、平成 26 年。
- 前橋市・萩市編『楫取素彦伝記―耕堂楫取男爵伝記―』、群馬県文化振興会、平成 26 年
- 手島仁「日糖事件と群馬県郡部衆議院議員補欠選挙」『群馬県史研究 35』、群馬県、平成 4 年。
- 手島仁「群馬県初代県令・楫取素彦の研究（1）」『群馬県立歴史博物館紀要　第 34 号』、群馬県立歴史博物館、平成 25 年。
- 菅原洋一「明治期商家銅版画資料に関する歴史情報学的研究」、三重大学、平成 25 年。
- 平野正裕「横浜の絹糸紡績業―明治・大正期を中心に」『横浜開港資料館紀要第 33 号』、公益財団法人横浜市ふるさと歴史財団、平成 27 年。
- 「熊谷県職員録」明治 7 年 7 月 25 日調
- 「熊谷県職員録」明治 8 年 2 月 15 日改
- 「群馬県職員録」明治 10 年 7 月 15 日改
- 「群馬県職員録」明治 11 年 8 月 15 日改
- 「群馬県職員録」明治 12 年 8 月 30 日調
- 「群馬県職員録」明治 13 年 1 月 17 日調
- 「群馬県職員録」明治 14 年 1 月調
- 「群馬県職員録」明治 15 年 1 月調
- 「群馬県職員録」明治 16 年 10 月調
- 「群馬県職員録」明治 16 年 2 月調
- 「群馬県職員録」明治 17 年 10 月調
- 「群馬県職員録」明治 18 年 3 月調
- 「群馬県職員録」明治 19 年 11 月調
- 安良城盛昭編『貴族院多額納税議員互選人名簿　第 9 巻群馬県』、お茶の水書房、昭和 44 年。
- 伊藤隆・季武嘉也編『近現代日本人物資料情報辞典 2』、吉川弘文館、平成 17 年。
- 『群馬県議会議員名鑑』、群馬県議会、昭和 41 年。
- 『群馬県人名大辞典』、上毛新聞社、昭和 57 年。
- 『群馬新百科事典』、上毛新聞社、平成 20 年。

mBooklet

手島　仁／てしま・ひとし

（前橋市文化スポーツ観光部参事）

前橋市生まれ。立命館大学文学部を卒業後、県立高校、群馬県史編纂室、群馬県立歴史博物館専門員としての勤務を経て、現在に至る。著書に『群馬学とは』など。

前橋学ブックレット

創刊の辞

　前橋に市制が敷かれたのは、明治25年（1892）4月1日のことでした。群馬県で最初、関東地方では東京市、横浜市、水戸市に次いで四番目でした。

　このように早く市制が敷かれたのも、前橋が群馬県の県庁所在地（県都）であった上に、明治以来の日本の基幹産業であった蚕糸業が発達し、我が国を代表する製糸都市であったからです。

　しかし、昭和20年8月5日の空襲では市街地の8割を焼失し、壊滅的な被害を受けました。けれども、市民の努力によりいち早く復興を成し遂げ、昭和の合併と工場誘致で高度成長期には飛躍的な躍進を遂げました。そして、平成の合併では大胡町・宮城村・粕川村・富士見村が合併し、大前橋が誕生しました。

　近現代史の変化の激しさは、ナショナリズム（民族主義）と戦争、インダストリアリズム（工業主義）、デモクラシー（民主主義）の進展と衝突、拮抗によるものと言われています。その波は前橋にも及び、市街地は戦禍と復興、郊外は工業団地、住宅団地などの造成や土地改良事業などで、昔からの景観や生活様式は一変したといえるでしょう。

　21世紀を生きる私たちは、前橋市の歴史をどれほど知っているでしょうか。誇れる先人、素晴らしい自然、埋もれた歴史のすべてを後世に語り継ぐため、前橋学ブックレットを創刊します。

　ブックレットは研究者や専門家だけでなく、市民自らが調査・発掘した成果を発表する場とし、前橋市にふさわしい哲学を構築したいと思います。

　前橋学ブックレットの編纂は、前橋の発展を図ろうとする文化運動です。地域づくりとブックレットの編纂が両輪となって、魅力ある前橋を創造していくことを願っています。

前橋市長　山本　龍

前橋学ブックレット❼ ｜楫取素彦と功徳碑｜

発 行 日／2016 年 7 月 27 日 初版第 1 刷

企　　　画／前橋市文化スポーツ観光部文化国際課
　　　　　　　　　　　　　　　　　歴史文化遺産活用室
〒 371-8601　前橋市大手町 2-12-1　tel 027-898-6992

発　　　行／上毛新聞社事業局出版部
〒 371-8666　前橋市古市町 1-50-21　tel 027-254-9966

ⓒ Jomo Press 2016 Printed in Japan

禁無断転載・複製
落丁・乱丁本は送料小社負担にてお取り換えいたします。
定価は表紙に表示してあります。

ISBN 978-4-86352-156-8

ブックデザイン／寺澤　徹（寺澤事務所・工房）

前橋学ブックレット〈既刊案内〉

❶日本製糸業の先覚 速水堅曹を語る（2015 年）
石井寛治／速水美智子／内海 孝／手島 仁
ISBN978-4-86352-128-5

❷羽鳥重郎・羽鳥又男読本 ―台湾で敬愛される富士見出身の偉人―（2015 年）
手島 仁／井上ティナ（台湾語訳）
ISBN978-4-86352-129-2

❸剣聖 上泉伊勢守（2015 年）
宮川 勉
ISBN978-4-86532-138-4

❹萩原朔太郎と室生犀星 出会い百年（2016 年）
石山幸弘／萩原朔美／室生洲々子
ISBN978-4-86352-145-2

❺福祉の灯火を掲げた 宮内文作と上毛孤児院（2016 年）
細谷啓介
ISBN978-4-86352-146-9

❻二宮赤城神社に伝わる式三番叟（2016 年）
井野誠一
ISBN 978-4-86352-154-4

各号 定価：本体 600 円 + 税